kosmos

KOSMOS
HUNDE
BIBLIOTHEK

GUDRUN FELTMANN-v. SCHROEDER

HUND UND MENSCH IM ZWIEGESPRÄCH

EXPERTENRAT
FÜR DEN
HUNDEHALTER

FRANCKH-KOSMOS

Mit 8 Schwarzweißzeichnungen von der Autorin (S. 27) und J. Gelius sowie 30 Schwarzweiß- und 52 Farbaufnahmen von der Autorin, soweit in den Bildlegenden nichts anderes angegeben ist. Vorsatzbild von K. Feltmann, Frontispiz von J. Hillmann.

Umschlaggestaltung von Norbert Deppe, Herrenberg-Oberjesingen, unter Verwendung von 5 Farbaufnahmen von der Autorin und von G. Grüner (Rückseite unten links).

Layout-Entwurf: Concept GmbH, Höchberg.

Für Karl, Claudia und Anette.

ISBN 3-440-06626-6
Lektorat: Iris Kunz und Angela Wolf
Herstellung: Kirsten Raue
Printed in Italy / Imprimé en Italie
Satz: G. Müller, Heilbronn
Druck und Binden: Printer, Trento

Die Deutsche Bibliothek – CIP-Einheitsaufnahme

Feltmann- v. Schroeder, Gudrun:
Hund und Mensch im Zwiegespräch : Expertenrat für den Hundehalter ; Spielregeln für eine Partnerschaft / Gudrun Feltmann- v. Schroeder. – Stuttgart : Franckh-Kosmos, 1993
(Kosmos-Hundebibliothek)
ISBN 3-440-06626-6

Hund und Mensch im Zwiegespräch

stubenrein 104
Auto fahren 105

Geleitwort

Dem Inhalt dieses sehr aufschlußreichen (Lehr-)Buches stimme ich voll und ganz zu, und jeder Mitmensch, der Umgang mit Tieren bzw. Hunden hat und sich mit ihnen befaßt, sollte »die Spielregeln für eine Partnerschaft« (so auch der Untertitel dieses Buches) lernen und beachten. Im Umgang mit Tieren bzw. Hunden sollte mit großer Sorgfalt immer der Weg gesucht werden, den das Tier verstehen und akzeptieren kann. Als Folge davon führt es die gewünschte Handlung gerne aus.

Das Ziel der Autorin in ihrer Lehrtätigkeit, die Hundeführer mit ihrem »Freund« Hund vertraut zu machen, liegt in dem Versuch, den Menschen darauf aufmerksam zu machen, den Hund nicht als Objekt für bestimmte menschliche Wünsche und Ziele zu benutzen, sondern ihn als *Partner* zu erleben. Auch in dieser Einstellung treffen sich unsere Wege. Der Mensch sollte zuerst die Bedürfnisse und Verhaltensweisen des Tieres bzw. des Hundes kennen, bevor er sich mit ihm beschäftigt. Daran anschließend kann er das Zusammenleben mit dem Tier – den Möglichkeiten des Tieres entsprechend – in bestimmte Bahnen lenken, so daß ein harmonisches Miteinander von Tier und Mensch ermöglicht wird.

Aus eigener Erfahrung weiß ich: Die Verständigung zwischen Mensch und Tier hängt in hohem Maße von der Einstellung des Menschen dem Tier gegenüber ab. Der Zugang zum Verständnis jedoch wird erst gefunden, wenn der Mensch das Tier als Partner achtet und für diese Gemeinschaft – wie in jedem sozialen Gefüge – Spielregeln lernt und beachtet. »Das Vieh sei dem Menschen Untertan« – dieser Bibelspruch ist ganz weit weg von meiner Einstellung zum *Partner* Tier.

Schon vor vierzig Jahren, als ich merkte, mein Leben zusammen mit den Tieren teilen zu wollen, sie zum Inhalt meines Glücks und meiner Zufriedenheit zu machen, stand allem voran die Einstellung: Achtung und Respekt vor der Kreatur; sich krank zu fühlen, wenn sie es waren, fröhlich und heiter zu sein, wenn sie sich pudelwohl zeigten.

Auch bei der Beschäftigung mit Raubtieren ist es wichtig, wie ein Psychologe ganz in das Wesen der Tiere einzudringen, mit unsäglicher Geduld und auch ein bißchen List die Talente zu entdecken und dem Temperament entsprechend auszubilden.

Voraussetzung für die Entfaltung des Tieres ist eine geplant rücksichtsvolle Pflege, die beim Aufbau des Vertrauens der Grundstein ist. Dem Jungtier Stärke zeigen zu wollen, ist der Beweis absoluter Unfähigkeit, ein Trainingsprogramm aufbauen zu können. Die gute »Kinderstube« prägt auch in der Tierwelt das Charakterbild des Individuums.

Die Freude des Tieres, sich mit dem Menschen zu beschäftigen, gelingt nur mit einem Tier, das nicht unter dem Zwang zur Höchstleistung steht. Der kluge Trainer stellt eine Aufgabe immer so, daß sie stets etwas unter der Grenze des Möglichen bleibt. Dem Menschen, dem es gelingt, diese Bindungen zum Tier zu erreichen und alle Grundregeln zu erfüllen, sei ausgestellt: »Er ist dem Tier untertan.«

Gerd Siemoneit-Barum

Gerd Siemoneit-Barum mit Eisbär »Fred Astaire«. (Foto: Eberhard Laue)

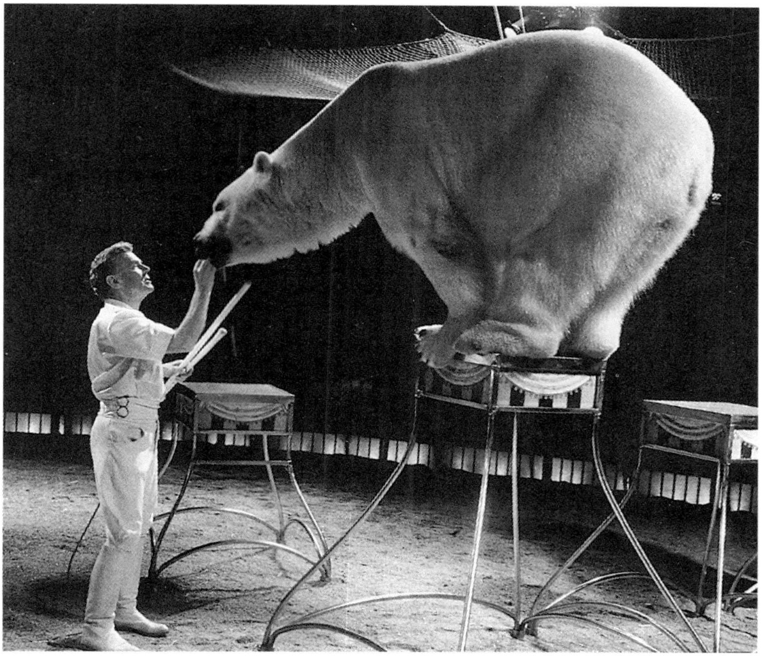

Vorwort

Von vielen Seiten wurde ich immer wieder gedrängt, meine Erfahrungen im Umgang mit Hunden und meine Verhaltensbeobachtungen an Hunden aufzuschreiben. Ganz offensichtlich war bei unendlich vielen Hundeliebhabern der Wunsch vorhanden zu erfahren, warum ein Hund ein bestimmtes Verhalten zeigt und welche Möglichkeiten er als Hundehalter hat, auf seinen »Freund« Hund einzugehen, um sich mit ihm so zu verständigen, daß er auch verstanden wird. Aus diesem Grunde entschloß ich mich, dieses Buch zu schreiben.

Ganz herzlich möchte ich mich daher bei allen bedanken, die zum Gelingen dieses Buches beigetragen haben. Ganz besonders aber danke ich Frau Gerlinde Grüner, die mit unendlicher Geduld fotografierte. Auch danke ich dem Verlag und meinen Lektorinnen, die mit viel Verständnis auf meine Wünsche eingegangen sind.

Ein besonderes Anliegen ist es mir, meinem Mann und meinen Kindern Dank zu sagen, die jeder auf seine Weise mich unterstützten, damit ich überhaupt die vielen Verhaltensbeobachtungen zu Hause durchführen konnte.

Alle Beispiele, die Probleme bei Hunden zeigen, sind Fälle, die sich bei vielen Rassen zeigen und nicht für eine Rasse typisch sind.

Bayreuth, im April 1993
Gudrun Feltmann-v. Schroeder

KAPITEL 1

Einführung

Die Beziehung des Hundes zu seiner Umwelt

Das Zusammenleben der Haushunde mit dem Menschen erfordert ein großes Maß an Einfühlungsvermögen und Verständnis des Menschen diesen Tieren gegenüber. Viele Faktoren stören heute dieses Zusammenleben hochgradig, so daß eine harmonische Verständigung zwischen Mensch und Hund schwierig geworden ist. Dafür gibt es verschiedene Gründe. Einer davon ist die Einschränkung des Lebensraumes von Mensch und Hund, ein anderer die starke Zunahme von Hundehaltern. Dies bedeutet: Die Lebensbedingungen für die meisten Hunde haben sich grundlegend geändert. Die Hunde können sich jedoch diesen neuen Gegebenheiten noch nicht in dem Maße anpassen, wie es notwendig wäre.

Die meisten Hunde haben die Aufgabe, ein braver Familienhund zu sein, der von der Familie mehr oder weniger geliebt wird. Damit entfallen für sie die vielen Aufgaben, die sie früher für den Menschen erfüllen durften und die ihren Bedürfnissen entsprachen.

Wie viele der früher gezüchteten Hütehundrassen dürfen wirklich noch hüten? Welchen Hirtenhunden ist es noch gestattet, die Herde zu bewachen und zu verteidigen? Wie viele der für die Jagd gezüchteten Hunde dürfen ihrer Aufgabe noch nachkommen? Selbst in den Händen von Jägern sind ihre Aufgabenbereiche auf ein Minimum geschrumpft, da sich die Jagdreviere und Jagdgewohnheiten deutlich verändert haben.

Ein weiteres, großes Problem der Hundehaltung scheint mir die Rassevielfalt zu sein. Hunde, die in bestimmten Regionen für spezifische Funktionen gezüchtet wurden, werden jetzt ohne Rücksicht auf die früheren Lebensbedingungen überall und von jedermann gehalten. Ich denke hier z. B. an die nordischen Schlittenhunderassen.

Es lassen sich noch eine Menge weiterer Beispiele hinzufügen. Eines ist jetzt schon ersichtlich: Wenn sich die Lebensbedingungen der Hunde in relativ kurzer Zeit so stark verändert haben, der Hund sich aber in seinen Lebensgewohnheiten noch nicht anpassen konnte, so sollten wir Menschen uns bewußt in diese Gegebenheiten fügen. Wir sollten vernünftig züchten und die psychischen, physischen und geistigen Bedürfnisse unserer Hunde kennen, bevor wir das neben der Katze mit uns am meisten verbundene Haustier durch unsachgemäße Zucht verunstalten und durch falsche Behandlung quälen und mißhandeln.

Hier liegt der Kern des größten und zugleich traurigsten Problems. Die Einstellung sehr vieler Menschen dem Hund gegenüber – einem Tier, dem der Rang eines Familienmitgliedes mit entsprechenden Rechten zukommen sollte – läßt erkennen, daß der Hund als »Objekt« gesehen wird. Ein Objekt, das man nach Lust und Laune handhaben kann! Der Mensch benützt den Hund wie einen Gegenstand. Daran kann leider auch das neue Gesetz nichts ändern, das den Hund nun nicht mehr wie früher als »Sache« einstuft. Die Hundehalter selbst vergessen, daß der Hund ein soziales Lebewesen mit entsprechenden Rechten und Bedürfnissen ist. Statt dessen benützen sie ihn als ihren *emotionalen Mülleimer,* an dem sie ihre Aggressionen ablassen können. Das hat ein Hund zu ertragen. Dies sind sinngemäß die Worte eines Diskussionsleiters, die anläßlich einer Züchtertagung eines Hundevereins gebraucht wurden.

Die Lehre, der Mensch sei für den Hund der »Boss«, der »Chef«, der »Rudelführer« oder das »Alphatier«, bedingt eine gefährliche psychologische Einstellung dem Hund gegenüber. Sie »entrechtet« ihn geradezu und verhindert ein harmonisches Zusammenleben, das auf Gegenseitigkeit beruht. Ich glaube, hier müßte bei vielen Menschen dringend ein Umdenken erfolgen. Ein Umdenken, das sie in die Lage versetzt, den Hund als ein Lebewesen zu verstehen. Als ein Lebewesen, das im engen Verband mit dem Menschen lebt, aber kein »Mensch« ist und daher andere Gewohnheiten und Reaktionen als der Mensch zeigt. Der Mensch muß lernen, den Hund als »Hund« zu erkennen, der keine menschlichen Bedürfnisse, sondern »hundliche« Bedürfnisse hat. Diese müssen wir Menschen entsprechend der genetischen Gegebenheiten akzeptieren, tolerieren und verstehen.

Die meisten der unendlich vielen Hundeprobleme, die an mich herangetragen wurden, konnten in dem Moment gelöst werden, in dem der Besitzer des Hundes lernte, die Verhaltensweisen seines Hundes zu begreifen. Hatte der Hundeführer auch noch gelernt, sein Verhalten dem Hund gegenüber zu verändern, so war es nur noch eine Frage des Trainings, das problematische Verhalten des Hundes zu regulieren.

Meine Arbeit, Problemhunde mit dem Hundebesitzer zusammen zu trainieren, scheint zu einem sehr erfreulichen Wendepunkt zu kommen.

Jetzt nehmen sehr viele Hundebesitzer Kontakt mit mir auf, die einen Welpen übernommen haben, aber noch keine Probleme mit ihrem kleinen Hund haben. Diese Hundeführer wollen unter Anleitung ihren Hund entsprechend seinen Fähigkeiten und Bedürfnissen halten und führen. Sie wollen ihm von Anfang an gerecht werden, bevor noch »Mißverständnisse« zwischen ihnen und ihrem Hund entstanden sind. Hier zeichnet sich eine veränderte Einstellung zum Hund ab, die ich als ausgesprochen erfreulich empfinde!

Im Dienst des Menschen als Rettungshund: Deutsch-Langhaarhündin, 3 Jahre. (Foto: A. Hofmann)

Ein älterer Herr, der mit einem drei Monate alten Welpen zum Training zu mir kam, erklärte mir, dies sei sein erster Hund. Da er nicht mehr so jung sei, wolle er im Umgang mit seinem ersten Hund so wenig Fehler wie möglich machen. Er wisse nicht, ob er aufgrund seines Alters in der Lage sei, nochmals einen Welpen großzuziehen. Daher wolle er nicht erst aus Erziehungsfehlern beim ersten Hund lernen, wie man es beim zweiten Hund besser machen könne. Er ziehe es vor, von vornherein Fehler zu vermeiden.

Dies war eine gute Entscheidung. Hund und Hundeführer leben seit Jahren harmonisch zur gegenseitigen Freude zusammen.

Wichtige Überlegungen für einen Hundebesitzer

- Bevor wir uns für einen Hund entscheiden, sollten wir wissen, welche Aufgaben unser Hund übernehmen soll. Soll er ein Familienhund sein oder soll er für einen bestimmten »Beruf« eingesetzt werden? Je nachdem werden wir uns für eine entsprechende Rasse entscheiden und bei der Auswahl der Welpen bestimmte Kriterien beachten.
- Wir sollten nicht das *Auge* über die Wahl einer Rasse entscheiden lassen, sondern unseren Verstand. Es gibt für bestimmte Lebensbedingungen des Menschen auch entsprechende Hunderassen, die in die Lebensräume besser passen als andere. Mit dieser Auswahl wären viele Probleme, die das Zusammenleben von Hund und Mensch erschweren können, von vornherein ausgeschlossen.
- Haben wir einen Welpen mit acht Lebenswochen übernommen, so sollten wir in den weiteren drei Lebensmonaten, also bis etwa zum fünften Lebensmonat des Hundes, *ständig* Zeit für ihn haben. Alles, was wir jetzt dem Hund an Liebe und Verständnis geben, bekommen wir hundertfach zurück. Der Hund wird sich uns sein ganzes Leben mit seinem erworbenen Vertrauen liebevoll zuwenden. Unter dieser Voraussetzung fallen viele der störenden Mißverständnisse zwischen dem Hund und uns Menschen weg oder tauchen gar nicht erst auf.
- Das Verständnis dem Hund gegenüber sollte nicht nur vom Gefühl gelenkt sein, sondern auch aktiv überdacht werden, da die »hundlichen« Verhaltensweisen nicht immer den menschlichen gleichen, selbst wenn sie menschlich erscheinen.

Das Verständnis des Menschen für den Hund

Der Mensch mußte und muß immer noch lernen, eine andere Einstellung zu seiner Umwelt zu entwickeln. Zwangsläufig muß er immer wieder erkennen, daß nicht nur er über die Umwelt zu bestimmen hat, sondern daß die Umwelt auf sein Verhalten eine Antwort gibt. Ändert der Mensch sein Denken nicht, wird ihm irgendwann deutlich und bedingungslos die Lebensgrundlage unter den Füßen weggezogen. Auch hier zeigt sich: Wo das Verständnis für andere Lebewesen fehlt, ist ein Zusammenleben auf Dauer nicht möglich. Wir müssen also die Bedürfnisse des *anderen* kennen! Dabei spielt es keine Rolle, ob es sich um Pflanzen oder Tiere handelt. Gießen wir eine Blume, die sehr viel Wasser braucht, zu wenig, so wird sie verkümmern oder eingehen. Pflanzen wir eine Blume an einen sehr schattigen Platz, obgleich sie einen sonnigen vorzieht, wird auch diese nicht gedeihen. Bei kurzlebigen Pflanzen sehen wir sehr viel schneller und eindeutiger, ob sie gedeihen oder nicht, als bei langlebigen Lebewesen wie z. B. den Hunden.

Kümmern unsere Hunde, weil z. B. ihren psychischen Bedürfnissen nicht Genüge geleistet wird, so wird dieses Kümmern oft nicht schnell genug erkannt. Ich habe in einem Tierheim einen Hund erlebt, der keine menschliche Zuwendung erhielt, da er aggressiv war. Außer der täglichen Futterversorgung und dem Reinigen des Zwingers geschah nichts. Dieser körperlich

Dieselbe Hündin bei der Ausarbeitung einer menschlichen Fährte.

gesunde Hund »starb« sieben Monate lang, bis er endlich wirklich tot war. Er konnte die Vereinsamung in der Isolation psychisch nicht verkraften.

Seit meiner Kindheit beschäftige ich mich mit dem Verhalten von Tieren, insbesondere von Hunden und Katzen. Mit Fragen zur Erziehung von Hunden wandte ich mich an Personen, von denen ich meinte, sie verstünden etwas davon. Es erging mir genauso wie unendlich vielen Hundebesitzern, die in diesen Fragen so oft falsch beraten werden.

Ich sollte Hunde über schmerzhafte Strafreize zum Gehorsam zwingen und wurde ausgelacht, wenn ich zögerte, meinen Hund mit einem Stachelhalsband zu quälen.

Bei der Vorbereitung meines Jagdhundes für die Brauchbarkeitsprüfung hatte ich Schwierigkeiten, ihm das Apportieren eines Bringholzes beizubringen. Der Ausbilder riet mir, meinen Hund ordentlich ins Ohr zu zwicken, damit er vor Schmerz schreie und damit den Fang öffne. Dann könne ich ihm das Bringholz hineinstecken. Ich gestehe zu meiner Schande, daß ich den Rat annahm, und schäme mich dafür. Diese schändliche Methode probierte ich nur ein einziges Mal, dann wußte ich, daß dies nicht der richtige Weg sein konnte. Glücklicherweise hatte mein Hund so viel Vertrauen zu mir, daß er mir mein Fehlverhalten als »einmaliges Vergehen« nachsah. Ich fand einen anderen Weg, mich meinem Hund ohne Gewalt verständlich zu machen, so daß er das Apportieren erlernte und viel Freude bei dieser Arbeit hatte. Er bestand seine Prüfung problemlos.

Dieses Erlebnis öffnete mir die Augen oder besser gesagt: mein Hund öffnete sie mir. Ich erkannte, was ich vielleicht immer schon fühlte, aber aus verschiedenen Gründen nicht zu verwirklichen wußte. Hier erging es mir wie so vielen Hundeführern, die mit ihren Fragen und Problemen zu mir kommen. Sie möchten ihrem Hund gerecht werden, wissen aber nicht wie. Wie ich damals spüren sie, daß sie mit den empfohlenen Strafreizen ihrem Hund Unrecht tun, finden aber keinen Ausweg aus diesem Zwiespalt.

In ein Seminar, das ich für Hundeführer und ihre vier Monate alten Golden Retriever abhielt, waren zur kritischen Beobachtung zwei Hundeführer gekommen, die langjährige Erfahrung im Zusammenleben mit ihren Hunden hatten. Die beiden Hundeführer konnten ihre Kritik an der zwanglosen Art, wie ich mit den jungen Hunden sprach, nicht zurückhalten und begannen, während der Übungsstunden ihre Meinung über das Trainieren von Hunden zur Diskussion zu stellen. Sehr schnell war zu spüren, wie die Besitzer der jungen Hunde ihrerseits verunsichert wurden und in diesen oben beschriebenen Zwiespalt gerieten: »Wie mache ich mich meinem Hund verständlich? Mit Zwang? Ohne Zwang? Oder lasse ich die Verständigung überhaupt in diesem Alter sein?«

Diese Diskussion wurde in kürzester Zeit beendet. Ich erklärte, hier sei nicht die Frage nach der Methode zu beantworten, sondern die Frage nach dem Verständnis für die jungen Retriever. Aus diesem Verständnis heraus ergibt sich ganz von selbst der Umgang mit den jungen Hunden. Das Grundmotiv für jedes Training mit Hunden und allen anderen Tieren ist, ihnen weder körperlichen noch

psychischen Schmerz zuzufügen. Unter dieser Voraussetzung kann im Training mit jungen Hunden so leicht nichts mehr schiefgehen.

Nach dem Seminar bekannte einer der beiden Kritiker, er sei sehr nachdenklich geworden. Er müsse nunmehr versuchen, umzudenken.

Wenn jeder Hundehalter seine gefühlsmäßige Zuwendung zum Hund oder Abwendung vom Hund auch mit dem Verstand lenken würde, dann wäre eine eindeutige Beziehung zwischen ihm und dem Hund gewährleistet. Bei einer anderen Diskussion anläßlich einer Veranstaltung in einem Hundeverein wurde aus dem Publikum folgende Frage gestellt: »Kann sich das Hochspringen eines Welpen am Zwingergitter, das vom Boden her mit zwei Brettern befestigt ist, negativ auf die Entwicklung der Hüftgelenke auswirken?« Die Antwort des Diskussionsleiters lautete etwa so: »Nageln Sie so viele Bretter an das Gitter, daß der Welpe nichts mehr sieht. Dann wird er auch nicht mehr versuchen, hochzuspringen. Folglich wird er seine Hüftgelenke nicht mehr überbeanspruchen.«

Diese Antwort, die ernst gemeint war, bedarf keines Kommentars. Sie spricht für sich und läßt die Ignoranz des Diskussionsleiters erkennen, denn gerade der junge Hund braucht die Zuwendung des Menschen und zusätzlich vielfältige Umwelteindrücke.

Gerade der junge Hund braucht die Zuwendung des Menschen: Belgischer Schäferhund, 9 Wochen. (Beide Fotos: K. Feltmann)

KAPITEL 2

Aspekte zur Entwicklung des Hundes

Wollen wir unsere Hunde verstehen, müssen wir uns mit deren Entwicklung und Lernfähigkeit befassen. Wir müssen lernen zu beobachten, wie sich die Hunde untereinander verständigen. Erst dann wird es möglich sein, mit dem Hund so umzugehen, daß er uns Menschen versteht.

Dazu muß der Hund eine enorme Lernleistung vollbringen:

- Zunächst muß er unser Verhalten und unsere Worte wahrnehmen;
- dann muß er unsere Bewegungen und unsere Lautäußerungen psychisch bewerten und somit verstehen;
- erst dann kann er auf uns Menschen reagieren, d. h., die menschlichen Verhaltensweisen interpretieren und entsprechende Reaktionen zeigen.

Diese Beobachtungsleistungen des Hundes werden um ein Vielfaches erschwert, wenn das menschliche Verhalten dem Hund gegenüber nicht so eindeutig ist, daß es von ihm richtig verstanden werden kann.

Gebrauchen wir etwa ein von uns gegebenes Hörzeichen in verschiedenen Bedeutungen, so ist es dem Hund nicht möglich, entsprechend unserer Erwartung zu reagieren:

Die Besitzerin eines eineinhalbjährigen Mischlingshundes bat mich um Rat, weil ihr Hund nicht kam, wenn sie ihn rief. Ich beobachtete die beiden im Umgang miteinander. Dabei stellte ich fest, daß die Hundeführerin den Hund einmal mit dem Hörzeichen »komm!« rief und meinte, er solle zu ihr herkommen. Ein anderes Mal sagte sie »komm!« und meinte aber »komm, geh weiter!«. Hier lag die Ursache für das Nichtkommen des Hundes. Er wußte beim Hörzeichen »komm!« nicht, was gemeint war. Sollte er kommen oder gehen?

Im nächsten Beispiel handelt der Mensch zwar eindeutig, verwirrt den Hund aber deshalb, weil er sich in ein und derselben Situation unterschiedlich verhält.

Ein Hund blieb in der Wohnung allein und war sich selbst überlassen. Er entdeckte gefüllte Papierkörbe, leerte diese voll Begeisterung und verursachte so ein entsetzliches Chaos. Der Hundeführer kam nach Hause und sah mit Entsetzen den Zustand seiner Wohnung. Sein Hund kam wie immer voller Freude zur Begrüßung. Verärgert über den heillosen Zustand seiner Wohnung grüßte er keineswegs freudig zurück, sondern drückte seinen Unmut dem Hund gegenüber aus. Verwirrt und verunsichert zog sich der Hund zurück. Ein paar Tage später ereignete sich dasselbe Unglück. Jetzt brauchte der Hundeführer seiner Verärgerung gar keinen Ausdruck mehr zu verleihen, denn der Hund zog sich bereits bei seinem Eintreten ängstlich zurück. Es entstand der irrtümliche Eindruck, der Hund wisse um sein Vergehen, da er deutlich »schlechtes Gewissen« zeige!

Wo liegt das Mißverständnis?

Ein Hund, der den Papierkorb als wunderbares Spielzeug entdeckt, weiß nicht, daß »Papierkorbleeren« ein unerwünschtes Verhalten ist. Er wird seinen Hundeführer, der nach Hause kommt, wie immer herzlich begrüßen, muß aber erkennen, daß seine positive Zuwendung jetzt negativ beantwortet wird. Er kann nicht verstehen, daß sein gewohntes positives Begrüßungsverhalten plötzlich unerwünscht ist. Er ist so verunsichert, daß er beim nächsten Mal gar nicht mehr wagt, herzlich zu grüßen. Der Hund bezieht die negative Handlung seines Hundeführers auf sein Begrüßungsverhalten, der Hundeführer dagegen auf die »Untat« des Hundes.

Soll ein Hund gefüllte Papierkörbe nicht als Spielzeug benützen, muß der Hundeführer ihn das lehren, wenn der Hund gerade damit beginnt. Er muß den unmittelbaren Zusammenhang zwischen seiner Handlung und den Wunschvorstellungen seines Hundeführers erkennen können.

Voller Entsetzen entdeckt die Hausfrau das Chaos in ihrer Wohnung.

Die Harmonie angeborener und erworbener Verhaltensweisen

Wir unterscheiden angeborene von erlernten Verhaltensweisen. Welche angeboren und welche gelernt worden sind, ist eine seit Jahrhunderten geführte Streitfrage. Je höher ein Lebewesen entwickelt ist, um so schwerer ist diese Frage zu beantworten. Häufig ist es so, daß lediglich die Disposition für ein bestimmtes Verhalten angeboren ist. Die Entwicklung des Verhaltens selbst jedoch ist von der Umwelt des betreffenden Individuums abhängig.

Wir wissen, daß jedes soziale Zusammenspiel, ob zwischen Menschen, Mensch und Tier oder unter Tieren, bestimmte Spielregeln erfordert. Sie müssen eingehalten werden, damit ein auf die entsprechende Art abgestimmtes Zusammenleben gewährleistet ist. Daher finden wir in diesen sozialen Gruppen ausgeprägte Systeme von Verhaltensweisen, die das Leben im Verband regeln. Teilweise sind diese Regeln genetisch fixiert, also angeboren, teilweise müssen sie gelernt werden.

Bei unseren Hunden, die hoch entwickelte Sozialstrukturen zeigen, ist das Gerüst für soziale Verhaltensweisen angeboren. Die Spezifizierung und Differenzierung des Sozialverhaltens jedoch muß gelernt werden. Hinzu kommt, daß der Hund in der Lage ist, mit dem Menschen soziale Bindungen einzugehen. Dies kann er aber nur, wenn der Mensch zum richtigen Zeitpunkt das genetische Gerüst »betritt«. Nur dann ist es dem Hund möglich, ihn in sein soziales Gefüge mit einzubinden.

Daher muß der Mensch das Entwicklungsgerüst des Hundes kennen, damit der Hund für das harmonische Zusammenleben mit dem Menschen die entsprechenden Erfahrungen sammeln kann. Auf diese Weise erhält der Hund die Möglichkeit, den Menschen optimal in seinen Lebensbereich mit einzubeziehen.

Wie schwer es ist, genetisch fixiertes von erlerntem Verhalten zu unterscheiden, möchte ich am Beispiel der Geräuschempfindlichkeit von Hunden zeigen:

Es gibt sehr viele Hunde, die Probleme mit Geräuschen haben. Dies kann das Zusammenleben mit dem Menschen sehr belasten, da der geräuschempfindliche Hund ein für ihn unangenehmes Geräusch häufig mit Flucht quittiert und somit aus dem Verantwortungsbereich des Hundeführers gerät. Hier wird sehr oft gefragt, ob dieses Verhalten erworben wurde aufgrund von fehlenden oder schlechten Umwelterfahrungen oder ob es genetisch fixiert ist.

Ich hatte einen Bearded-Collie-Welpen mit acht Wochen übernommen, der bis dahin sehr liebevoll, aber sehr einsam großgezogen worden war. Sehr bald erkannte ich deutliches Sich-Abwenden bei Geräuschen, die dem Hund unangenehm zu sein schienen. Die Folge davon war, daß ich mit diesem Hund nie eine Begleithunde- oder eine Fährtenprüfung absolvieren konnte. Dafür muß der Hund geräuschunempfindlich sein.

Weiterhin war eine wichtige Frage, ob ich mit diesem Hund züchten konnte oder nicht. War diese Empfindlichkeit angeboren, wollte ich diesen Mangel nicht genetisch festigen. War sie erworben, da der Hund fast ohne Geräuscheindrücke aufgewachsen war, hätte der Zucht nichts entgegengestanden. Erst nach zehn Jahren konnte ich die Frage beantworten. In diesem Alter nahm die Hörfähigkeit des Hundes ab. Damit verhielt er sich den Geräuschen gegenüber, die er sehr wohl hörte, aber nicht mehr so intensiv wahrnahm, neutral.

Der Schluß liegt nahe, da sehr viele Bearded Collies geräuschempfindlich sind, daß dieses überaus feine Gehör angeboren ist. Somit reagieren sie auf laute Geräusche erheblich ausgeprägter als andere Hunde. Dies ist also kein Wesensmangel, sondern eine genetisch fixierte Feinhörigkeit.

Es ist für die Hundezucht von außerordentlicher Bedeutung, angeborene Verhaltensweisen zu kennen, um züchterisch auf sie einwirken zu können. Dies ist vor allen Dingen dann wichtig, wenn es sich um Verhaltensmerkmale handelt, die das Zusammenleben mit dem Menschen erschweren oder gar unmöglich machen.

Das genetisch fixierte Gerüst: Die sozialen Entwicklungsstadien

Die einzelnen Stadien der Entwicklung eines Hundes werden in der Literatur sehr unterschiedlich angegeben, sie hängen stark von der Zielsetzung der einzelnen Autoren ab. Eine Übersicht der unterschiedlichen Auffassungen finden wir bei E. Venzl. Einige Autoren legen mehr Wert auf die physische, die anderen berücksichtigen mehr die psychische Entwicklung. Zum Teil werden die Entwicklungsstadien nur bei einer bestimmten Rasse beobachtet. Da sich verschiedene Hunderassen in der physischen und psychischen Entwicklung stark unterscheiden – kleine Rassen sind häufig weiter entwickelt als große Rassen in vergleichbaren Zeiträumen –, sind die Zeitschwankungen verständlich.

Trotz der Unterschiede finden wir bei allen Autoren Anhaltspunkte für das genetisch fixierte Gerüst, das die Entwicklung der Hunde im sozialen Bereich bestimmt. Die Variationsbreite, d.h. der Spielraum der bezeichneten Lebensabschnitte, müßte lediglich weiter gefaßt werden, damit er auf alle Rassen übertragbar ist.

Da ich sehr viele Längsschnittbeobachtungen bei den von mir betreuten bzw. therapierten Hunden ganz verschiedener Rassen machen konnte, kam ich zu folgender Einteilung in der Entwicklung unserer Haushunde:

- **Das vegetative Stadium**
  (1. und 2. Lebenswoche)

Die Welpen sind hilflos. Die Aktivitäten der Mutter dienen ausschließlich der Betreuung der Welpen.

Die Welpen im vegetativen Stadium: Irish-Terrier mit 6 Tage alten Welpen. (Foto: G. Grüner)

Die Eroberung der Umwelt: Bearded-Collie-Welpen, $3^1/_2$ Wochen alt, betreten das erste Mal eine Wiese.

- **Das Stadium des Erwachens**

(3. Lebenswoche)

Alle Sinnesorgane werden funktionstüchtig. Die Umwelteindrücke können differenzierter wahrgenommen werden. Die Betreuung durch die Mutterhündin wird sorgfältig ausgeführt, wobei sie sich nicht mehr ausschließlich bei den Welpen aufhält.

- **Das Stadium der Eroberung der Umwelt**

(4. bis etwa 20. Lebenswoche)

In dieser Zeit werden die motorischen Fähigkeiten trainiert, die Umwelt erobert und die psychischen Reaktionen darauf gelernt.

Das Sozialverhalten dem Artgenossen gegenüber entwickelt sich. Es wird geübt, differenziert und auf den Artgenossen fein abgestimmt. Das Sozialverhalten dem Menschen gegenüber entwickelt sich als eigenes System. Auch hier wird gelernt, das Verhalten auf den Menschen fein abzustimmen.

Die Betreuung durch die Mutterhündin nimmt deutlich mit dem Selbständigerwerden der Welpen ab.

- **Das Stadium des Umgangs mit der Umwelt**

(Etwa 21. Lebenswoche bis zur Geschlechtsreife; auch beim Hund hat man zwischen einer physischen und psychischen Reife zu unterscheiden.)

Dieses Stadium zeigt deutlich, wie die jungen Hunde, nachdem sie ihre Umwelt erobert haben, sie nunmehr »handhaben«. Das Beute- und Jagdverhalten bestimmen jetzt die Handlungen des Hundes.

Im Sozialverhalten zwischen den Hunden entscheidet immer mehr die *psychische* Sicherheit über das Zusammenleben der Hunde. Im Sozialverhalten des Hundes dem Menschen gegenüber zeichnet sich deutlich ab, daß der Hund seinen »Freund« Mensch in seinem engsten Lebensbereich sehr schätzt, außerhalb dieses

Der Umgang mit der Umwelt: Diese beiden begegnen sich zum ersten Mal. Beide haben als Welpen den Umgang mit dem Artgenossen gelernt: Deutsch-Langhaar-Rüde, 4 Jahre, und Deutsche Schäferhündin, 4 Jahre.

Bereiches jedoch lieber seine eigenen Wege geht. Hier beginnen im allgemeinen die ernsthaften Probleme zwischen Mensch und Hund.

Mit gutem Grund weicht meine Aufgliederung der Entwicklungsstadien hier von den in der Literatur beschriebenen und am häufigsten verwendeten Einteilungen ab, denn die Übergänge der einzelnen Einschnitte in der Entwicklung sind fließend und oft nicht eindeutig voneinander zu trennen. Wir können innerhalb der Entwicklung lediglich Schwerpunkte bestimmter Verhaltensweisen erkennen. So beginnen nach meinen Beobachtungen die in der Literatur beschriebenen prägenden Lernvorgänge nicht erst in der vierten Lebenswoche und enden vor allen Dingen nicht mit der siebten Lebenswoche. Ebenso beginnt die Sozialisierung der Welpen mit dem Artgenossen und dem Menschen nicht erst in der achten Lebenswoche, sondern schon zu einem viel früheren Zeitpunkt. Auch die »Rangordnungsphase«, in der um die Überlegenheit gekämpft wird, scheint mir mit dem Beginn der dreizehnten Lebenswoche viel zu spät angesetzt.

In der Zeit, in der die Welpen physisch fähig werden, auf Umwelteindrücke zu reagieren, also etwa zu Beginn der dritten Lebenswoche, ist bereits der Anfang für fast alle sozialen Verhaltensweisen gegeben. Selbstverständlich kann ein Welpe nicht um die Rangordnung kämpfen, wenn er körperlich noch nicht dazu imstande ist. Aus diesem Grund bezeichne ich den Lebensabschnitt vom Beginn der vierten bis zur zwanzigsten Lebenswoche als das Stadium der Eroberung der Umwelt.

Weiterhin resultiert die Einteilung der Stadien aus der Beobachtung des harmonischen Zusammenspiels zwischen physischer und psychischer Entwicklung des Hundes, die innerhalb des vorgegebenen, genetisch fixierten Gerüstes erfolgt. Es liegt auf der Hand, daß sich ein Individuum psychisch nicht oder nur unzulänglich entwickeln kann, wenn es physisch zu bestimmten Handlungsabläufen nicht in der Lage ist. In ähnlicher Weise gilt dies für den umgekehrten Fall.

Die Voraussetzung für die Entfaltung eines ausgeglichenen aufgeschlossenen Hundes ist also ein harmonisches Ineinandergreifen von physischer und psychischer Entwicklung innerhalb des genetischen Gerüstes. Dieses legt unter anderem den Zeitpunkt fest, wann die physische und psychische Entwicklung zu erfolgen hat. Das bedeutet, daß vor allen Dingen die *psychische* Entwicklung ein entsprechendes Umfeld braucht. Das genetische Gerüst zwingt zur Entwicklung und benötigt dazu die jeweils entsprechende Umwelt. Nur so kann sich ein Individuum artgerecht entwickeln.

Ein Hund lernt beispielsweise auch unter schlechtesten Bedingungen zu laufen. Vielleicht ist der Zeitpunkt, verglichen mit anderen Hunden, etwas verspätet, aber er wird eines Tages laufen können. Ebenso wird er psychisch auf angenehme bzw. unangenehme Reize aus der Umwelt mit Zuwendung bzw. mit Ablehnung reagieren. Diese Verhaltensweisen sind ihm angeboren.

Nehmen wir aber folgenden Fall an: Ein Hund kann aufgrund seiner körperlichen Entwicklung zwar laufen, aber sich nicht fortbewegen, da er im Zwinger eingesperrt ist. Er hat also keine Möglichkeit, seine Umwelt aktiv zu erobern. Damit wird ihm verwehrt, sein angeborenes Erkundungs- bzw. Neugierverhalten zu entwickeln. Somit kann er auch seine Umwelt psychisch nicht wahrnehmen und nicht lernen, entsprechend zu reagieren. Erhält solch ein isoliert gehaltener Welpe zu spät die Möglichkeit, Kontakt mit seiner Umwelt aufzunehmen, ist es ihm nicht mehr möglich, psychisch angemessen, also »richtig«, bestimmte Reize zu bewerten und darauf zu reagieren.

Ein Beispiel hierfür:

Ein junges Mädchen kaufte eine fünf Monate alte Schäferhündin aus einem renommierten Zwinger. Die Hündin war bis zum Kaufzeitpunkt isoliert im Zwinger gehalten worden. Zunächst wirkte sie in der neuen Umgebung wie versteinert. Sie rührte sich nicht vom Fleck und verharrte wie eine Statue an jedem Ort entweder liegend, sitzend oder stehend, ohne sich zu bewegen. Sie war wie gelähmt in der ihr unbekannten Umgebung.

Nach etwa 14 Tagen legte sich die Bewegungsstarrheit. Jetzt reagierte sie auf alles, was sich auf sie zubewegte, mit aktiver panischer Flucht. Von dieser Zeit an mußte die Hundeführerin peinlich darauf achten, die Hündin unter Kontrolle zu behalten. Entwischte sie, so flüchtete sie kopflos und mußte jedesmal mit viel Geschick wieder eingefangen werden. Die Hündin lernte zwar allmählich, sich der Hundeführerin anzuschließen, aber es bestand zeitlebens die Gefahr, daß sie bei unvorhergesehenen, alltäglichen Situationen kopflos floh. Sie blieb für ihr ganzes Leben ein nicht zu therapierender Problemhund.

Dieses Beispiel zeigt uns, was passiert, wenn das Zusammenspiel des genetischen Gerüstes und der physischen und psychischen Entwicklung in Abhängigkeit von der entsprechenden Umwelt nicht gegeben ist und diese Faktoren nicht wie Zahnräder wechselweise ineinander greifen können, um ein harmonisches Ganzes zu ergeben.

Wenn wir unsere Haushunde verstehen wollen, müssen wir immer mehrere Aspekte berücksichtigen. Einmal solche Aspekte, die den Hund betreffen. Zum anderen Aspekte, die uns Menschen, die wir die Umwelt der Hunde bestimmen, angehen.

Wir sollten das genetische Gerüst unseres Hundes in etwa einschätzen können. Hierbei hilft uns die Kenntnis der Entwicklungsstadien, die in vielen Beobachtungsstudien für den Hund festgelegt worden sind. Dazu gehört es, daß man in groben Zügen die zeitliche Entwicklung der Sinnesorgane und der Motorik kennen sollte.

- Wir sollten ganz grob die Entwicklung des Gehirnes und der Nervenbahnen kennen, damit wir ermessen können, wann und wie der Hund die Umwelt wahrnimmt.
- Wir sollten uns einen kleinen Ausflug in die Psychologie des Lernens erlauben, damit wir verstehen können, wie ein Hund lernt und psychisch bewertet.

Diese Kenntnisse, die uns sozusagen die Perspektive vom Hund aus zeigen, eröffnen uns den Weg, wie wir mit dem Hund umgehen können, damit er uns versteht.

Da wir Menschen einen großen Teil der Umwelt für den Hund darstellen, liegt es an uns, die psychischen und physischen Bedürfnisse des Hundes entsprechend zu erfüllen. Nur mit unserem Verständnis kann er sich in unserer Nähe entfalten und auch wohlfühlen.

Das große Mißverständnis zwischen Mensch und Hund liegt darin, daß der Mensch sehr lange glaubte und bis zum heutigen Tag häufig noch glaubt, der Hund habe sich dem Menschen gegenüber bedingungslos unterzuordnen und zu fügen. Dabei wird keine Rücksicht auf die berechtigten Bedürfnisse des Hundes genommen. Sie bleiben unberücksichtigt und werden ignoriert.

Gestaltet der Mensch aber die Umgebung des Hundes entsprechend dessen Bedürfnissen, wird er mit Freude erkennen, wie sich der Hund problemlos, vor allem freudig und vertrauensvoll in das Zusammenleben mit dem Menschen fügt, sich freiwillig eingliedert und sich bedingungslos in seine Dienste stellt.

Zur physischen Entwicklung des Hundes

Die Entwicklung der Sinnesorgane

Zum Zeitpunkt der Geburt eines Hundes sind bei weitem nicht alle Sinnesorgane funktionstüchtig. Die Augen und Ohren sind noch geschlossen. Auch der Geruchssinn scheint nur geringfügig wahrnehmungsfähig zu sein. Häufig wird als Beweis für die Geruchsfähigkeit eines neugeborenen Welpen das aktive Aufsuchen und Finden der Nahrungsquelle, nämlich die Zitzen der Mutter, angeführt. Hierbei bin ich skeptisch, da die neugeborenen Welpen ohne zu zögern auch einen vorgehaltenen Finger als Saugobjekt akzeptieren. Dabei handelt es sich um einen angeborenen Saugreflex. Natürlich muß das Ersatzobjekt in Größe und Wärme der mütterlichen Zitze in etwa entsprechen. Auch wird der Welpe erkennen, daß über den Finger keine nahrungsbedingte Bedürfnisbefriedigung erfolgt, und somit die Zitze der Mutter vorziehen. Dies ist aber keine Entscheidung, die über die Geruchswahrnehmung erfolgt, sondern sie hängt von der Bedürfnisbefriedigung ab.

Ebenso bezweifeln SCOTT und FULLER, zwei angesehene amerikanische Verhaltensforscher, ob das Geruchsorgan, die Nase, voll funktionstüchtig ist. In Versuchen wurde Welpen dieses Alters Essigsäure vorgehalten, worauf sie abwehrende Reaktionen zeigten. Ein solches Verhalten scheint mir jedoch kein Beweis für aktive Geruchswahrnehmungen zu sein, da unter Umständen die Schleimhäute durch die Säure so gereizt wurden, daß dies zu den aktiven Abwehrreaktionen führte.

Die anderen Sinnesorgane scheinen in den ersten Lebenstagen, wenn auch eingeschränkt, funktionstüchtig zu sein. Es handelt sich um den Geschmackssinn, den Tastsinn, die Wahrnehmung von Wärme und Kälte sowie die Empfindung von Schmerzen. Neugeborene Welpen lecken z. B. einen mit Fisch, Fleischsaft oder Milch bestrichenen Glasstab ab, wohingegen sie bitter schmeckende Substanz wie Chinin ablehnen (SCOTT und FULLER).

Die Entwicklung der Motorik

Die motorischen Aktivitäten von Welpen im vegetativen Stadium beschränken sich auf bestimmte Verhaltensweisen wie saugen, Wärme suchen, Äußerung von Kontaktlauten – die sie wahrscheinlich selbst gar nicht hören – und die Abgabe von Ausscheidungen. Das Hin- und Herpendeln des Kopfes und das damit verursachte »Sich-im-Halbkreis-Bewegen« wird robbend ausgeführt. Die Hinterläufe werden zum Abstützen des Körpers benützt, um beim Saugen an den Zitzen nicht abzurutschen. Mit den Vorderläufen wird der »Milchtritt« ausgeführt. Außerdem benützen sie diese, um einen anderen Welpen von einer mütterlichen Zitze zu verdrängen oder sich selbst nicht wegdrängen zu lassen. Kämpfe um die Zitzen finden bei Hunden häufig statt, da es offensichtlich keine Trinkordnung gibt.

Ab dem siebzehnten Lebenstag, also im Stadium des Erwachens, bewegten sich z. B. meine Bearded-Collie-Welpen nicht mehr in halbkreisförmigen Schlangenlinien. Mit einem Male konnten sie geradlinig in eine Richtung gehen. Die Motorik der Welpen scheint sich zunehmend zu verfeinern, denn aus den robbenden Bewegungen werden Laufbewegungen. Der Zeitpunkt, zu dem die motorische Bewegungsverfeinerung einsetzt, liegt bei den verschiedenen Rassen unterschiedlich. Englische Bulldoggen z. B. benötigen einen erheblich längeren Zeitraum als viele andere Rassen, um auf allen vier Füßen wirklich laufen zu können.

Die Entwicklung des Zentrums für Wahrnehmungen

Die Entwicklung der Großhirnrinde (Neocortex) ist in den ersten Lebenstagen eines Welpen abgeschlossen, da Teilungen der Gehirnzellen nicht mehr erfolgen (Hart und Hart). Trotzdem ist die Großhirnrinde in den ersten Lebenswochen eines Welpen nicht oder nur sehr eingeschränkt funktionstüchtig. Da in den ersten Lebenstagen Sinnesorgane wie z. B. das Auge oder das Ohr noch gar nicht wahrnehmungsfähig sind, ist es auch gar nicht erforderlich, daß die Großhirnrinde schon voll in Anspruch genommen wird. Die Gehirnzellen sind jetzt zwar alle vorhanden, aber sie erhalten noch keine Informationen. Das bedeutet, daß diese Zellen aktiviert werden müssen. Dies kann erst erfolgen, wenn die Sinnesorgane wahrnehmungsfähig werden.

Das Auge muß z. B. von einem Lichtstrahl getroffen werden, damit über die Nervenbahnen diese Information an das Sehzentrum in der Großhirnrinde weitergegeben werden kann. Jetzt erst werden die Zellen mit der Information belegt, wie ein Lichtstrahl »aussieht«. Über diesen Reiz von außen werden die Zellen aktiviert und für die Zukunft gebrauchsfähig.

»In Versuchen wurden gesunden neugeborenen Welpen die Augen zugenäht, so daß über die Augen keine Wahrnehmungen erfolgen konnten. Es zeigte sich, daß die Struktur der Gehirnzellen im Sehzentrum der Großhirnrinde unvollständig blieb.« (B. Rensch)

Wir können uns nun gut vorstellen, was passiert, wenn die Zellen der Großhirnrinde in den ersten Lebenswochen eines Welpen keine Informationen von außen erhalten. Diese Untersuchungen liegen sicherlich an der Grenze der Erträglichkeit für jeden Tierfreund. Die Ergebnisse aber sollten wenigstens dazu beitragen, Welpen ab dem Augenblick, in dem sie Sehleistungen erbringen können, auch etwas sehen zu lassen und nicht in den ersten acht Lebenswochen im Dunkeln oder Halbdunkeln aufwachsen zu lassen.

Die Untersuchungen von Charles und Fuller bestätigen die oben genannte Feststellung. Sie führten Messungen der Hirnströme (Elektroenzephalogramme, EEG's) bei Welpen in verschiedenen Altersabschnitten durch. Bei neugeborenen Welpen stellten sie keine Unterschiede zwischen den EEG-Ableitungen im schlafenden oder wachen Zustand fest. Bei Welpen im Alter von etwa drei Wochen zeigten die Kurven der Hirnströme bereits große Unterschiede zwischen wachem bzw. schlafendem Zustand. Die Kurven unterschieden sich jedoch noch stark von denen der erwachsenen Hunde. Erst etwa ab der siebten bis zur achten Lebenswoche unterschieden sich die EEG's von Welpen und erwachsenen Hunden nicht mehr.

Die Entwicklung der Nervenbahnen

Zum Zeitpunkt der Geburt sind nicht alle Nervenbahnen, die die Informationen zum Großhirn leiten, voll funktionsfähig. Die Nervenbahnen sind zwar wie die Zellen der Großhirnrinde vorhanden, wie diese aber zum Teil noch nicht myelinisiert, das heißt, daß die Ummantelung der Nervenleitungen, die für eine schnelle Reizleitung notwendig ist, noch nicht voll ausgereift ist. Reize von außen werden daher nur sehr langsam zum Großhirn geleitet. Damit wird für uns verständlich, warum Welpen auf äußere Reize häufig so zögernde Reaktionen zeigen. Auch hier ist die volle Funktion der Nervenleitungen erst im Alter von sieben bis acht Lebenswochen vorhanden.

Aus diesen Ergebnissen können wir schließen, daß die Wahrnehmungsleistung und Reaktionsfähigkeit eines Welpen erst im Alter von sieben bis acht Wochen physiologisch voll entwickelt ist. Die Ergebnisse sagen aber nichts aus über die psychischen Leistungen des Welpen. Voraussetzung für die psychische Entwicklung sind gesunde physische Reaktionen. Sehr viele psychische Reaktionen hängen jedoch von den Eindrücken ab, die aus der Umwelt kommen. Diese werden für den Hund maßgeblich von uns Menschen bestimmt.

Damit kommen wir zu einem weiteren Aspekt, der für das Verständnis für den Hund ganz wesentlich ist.

Zur Psychologie des Lernens

Lernfähigkeit ist die Möglichkeit eines Individuums, Informationen aufzunehmen, diese zu speichern und sie bei Reaktionen zu einem späteren Zeitpunkt wieder zu verwenden. Die Informationen können sowohl aus der Umwelt als auch aus dem eigenen Körper stammen.

Lernen ist nichts Statisches, sondern ein Vorgang.

Um lernen zu können, muß das Individuum auch lernfähig sein. Als Voraussetzung gilt, daß die Sinnesorgane, das Nervensystem, die Großhirnrinde und der Bewegungsapparat eines Tieres funktionstüchtig sind.

Der Vorgang des Lernens

- Den Ausgangspunkt eines Lernvorganges bildet stets eine Reizsituation.
- Im weiteren Verlauf des Lernens findet die psychische Bewertung statt.

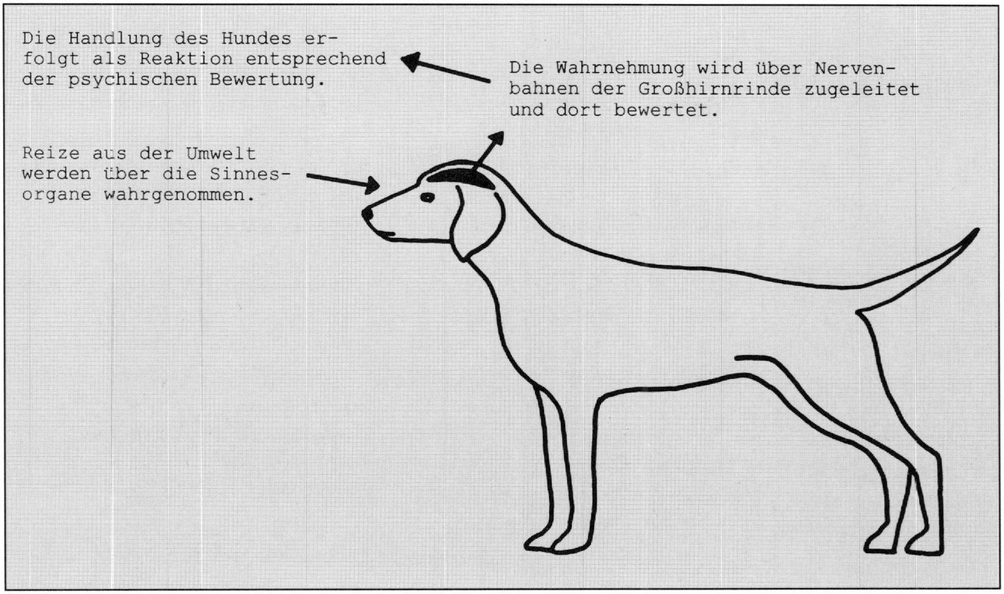

Der Hund wird sich einem angenehmen Reiz ***zu****wenden und sich von einem unangenehmen Reiz* ***ab****wenden.*

Dabei wird die wahrgenommene Situation vom Tier beurteilt.

- Hierauf folgt gewöhnlich eine Handlung des Tieres als Reaktion auf den anfänglichen Reiz.
- Auf die Wiederholung des Reizes wird das Tier entsprechend der Erfahrung, die es in der Reizsituation gemacht hat, reagieren. Zunächst können die Reaktionen noch unkontrolliert ausfallen, werden aber auf Grund der Lernfähigkeit immer gezielter mit einer bestimmten Reaktion beantwortet. Zeigt das Tier als Reaktion immer die gleiche Handlung, ist der Lernvorgang abgeschlossen.

Die Reizsituation

Eine Reizsituation kann entweder im Organismus des Tieres selbst entstehen oder aus der Umwelt auf das Tier einwirken. Ein Beispiel für Reizsituationen, in denen das Tier von »innen« stimuliert wird, soll folgender Versuch veranschaulichen:

»Laboratoriumsratten erhielten an den Enden zweier Gänge, die von einer Verzweigungsstelle ausgingen, Futter oder Wasser, und zwar beispielsweise stets im rechten Gang Futter und im linken Wasser. Zum Test wurden sie in gesättigter, aber durstiger Verfassung, oder aber sehr hungrig und nicht durstig ins Labyrinth gelassen. Ergebnis: Die Tiere bevorzugten jeweils den ihrer inneren Verfassung entsprechenden Gang.« (KENDLER in HASSENSTEIN)

Hierher gehören auch alle Verhaltensweisen, die hormonell gesteuert werden wie z. B. das Sexualverhalten, und weiterhin Verhaltensweisen, die aus eigener Antriebskraft ohne äußeren Einfluß erfolgen. Der Lernerfolg liegt in der Bedürfnisbefriedigung. Damit ist auch der Handlungsablauf beendet.

Ein Beispiel für Reizsituationen, in

denen das Tier von »außen« stimuliert wird:

»Würmer, die über elektrische Strafreize dressiert wurden, konnten in Laborversuchen lernen, in eine dunkle Kammer zu kriechen.« (RENSCH)

Dieses Beispiel der Wurmdressur habe ich bewußt gewählt, da es sich biologisch gesehen um einfach strukturierte Lebewesen handelt. Damit möchte ich zeigen, daß auch hier Lernprozesse möglich sind. Zugleich erfahren wir, wie gelernt wird. RENSCH spricht von Strafreizen. Dies beinhaltet, daß die Reize von außen vom Wurm bewertet wurden: Der Stromreiz war für das Tier unangenehm, daher wurde er gemieden und die dunkle Kammer als Ausweichmöglichkeit bevorzugt.

Ein Beispiel für Reizsituationen, in denen das Tier erst die Reaktion der Umwelt auf eine von ihm ausgeführte Handlung hin wahrnimmt und abhängig davon seine Handlung darauf einstellt:

»Aus Erregung hatte in einem Zoo ein kleiner Affe, der immer von den stärkeren Tieren weggedrängt worden war, auf der Stelle zu springen angefangen. Das hatte die Aufmerksamkeit von Zoobesuchern erregt, die ihm nun über die anderen Tiere hinweg Futter zuwarfen. Daraufhin verknüpfte sich in dem Tier der Antrieb zum Nahrungserwerb mit dem »erfolgreichen« Verhalten: Je größer der Hunger, desto häufiger wurde nun sein Hüpfen auf der Stelle...« (HASSENSTEIN)

Die psychische Bewertung

Nachdem wir die verschiedenen Reizsituationen betrachtet haben, wenden wir uns der Bewertung der erlebten Reize zu. Wir haben am Beispiel des Wurmes erkannt, daß auch ein Wurm eine Reizsituation wahrnimmt und als Reaktion eine gezielte Handlung folgen läßt. Werden diese Reaktionen auf einen bestimmten Reiz hin immer in der gleichen Weise ausgeführt, so hat auch ein Wurm gelernt.

Ich gebe zu, daß es schwerfällt, bei Würmern von Lernpsychologie zu sprechen. Mit diesem Beispiel möchte ich jedoch die einfachste Reaktion auf Umweltreize verdeutlichen. Eine Reaktion, die im Tierreich in allen Lebensbereichen unendlich oft vorkommt.

Jede Information, die das Tier erhält, kann von ihm entweder positiv oder negativ empfunden werden.

Bei der Beobachtung von Hundewelpen können wir bereits am ersten Lebenstag erkennen, daß ein Welpe zwischen angenehmen und unangenehmen Reizen unterscheidet. Er zeigt dies, indem er sich dem Angenehmen, z. B. der wärmenden Mutter zuwendet, oder sich von dem Unangenehmen, z. B. von einem bitteren Geschmack abwendet.

Genau an diesen Reaktionen können wir ablesen, in welcher psychischen Lage sich der Hund befindet. Wendet er sich einem Reiz zu, schließen wir daraus, daß er psychisch positiv gestimmt ist, wendet er sich ab, folgern wir, daß er den Reiz negativ empfindet. Die psychische Bewertung, die der Hund einem Reiz gegenüber zeigt, können wir also nicht objektiv messen, sondern nur über das Ausdrucksverhalten, das der Hund in einer bestimmten Situation zeigt, vermutend interpretieren. Natürlich wird die Auslegung eines bestimmten Verhaltens um so genauer, je besser wir das Ausdrucksverhalten, also die Körpersprache und die Lautäußerungen unseres Hundes kennen.

Der Abschluß der Handlung

Ein Tier stellt seine Handlung ein, wenn die Bedürfnisbefriedigung erfolgt ist. Hierbei kann es sich zum einen um eine *physische* Bedürfnisbefriedigung wie die von Hunger oder Durst handeln, oder um die *psychische* Bedürfnisbefriedigung wie die positive Zuwendung zum Artgenossen. Dieses Bedürfnis finden wir z. B. bei hochentwickelten Säugetieren, die in sozialen Gemeinschaften leben.

Der Lernvorgang jedoch ist erst beendet, wenn ein Tier auf eine bestimmte Situation hin immer die gleiche Handlung folgen läßt. Hierbei ist es von außerordentlicher Bedeutung, daß das Tier nicht nur die Reizsituation im Gedächtnis speichert, sondern auch die mit der Reizsituation verbundene psychische Bewertung. So können wir verstehen, daß sich Tiere einer Art in der gleichen Reizsituation unterschiedlich verhalten, je nachdem wie sie die Reizinformation bewerten.

»Acht Goldammern erhielten in einem Beobachtungskäfig Pfauenaugen als Beute-Insekten. Diese Schmetterlinge haben gegenüber Feinden eine besondere Schreckreaktion: Sie öffnen schnell, begleitet von einem zischenden Laut, ihre Flügel und demonstrieren so ihre großen bunten Augenflecke – ein Anblick, der Singvögel erschreckt und in die Flucht schlägt. Sämtliche Goldammern machten Erfahrungen mit den Pfauenaugen. Das Ergebnis war bei sechs Tieren, daß sie sich bald nicht mehr um die Schreckreaktionen der Schmetterlinge kümmerten und immer kürzere Zeit zögerten, sie zu fangen und zu verzehren; bei den anderen Vögeln verstärkte sich jedoch von Mal zu Mal die Furcht vor den Faltern, und sie mieden sie schließlich schon auf ihren bloßen Anblick hin, ohne daß die Schreckreaktion überhaupt zu erfolgen brauchte.« (Blest in Hassenstein)

Die Motivation

Wir haben uns bis jetzt mit der Lernfähigkeit und dem Vorgang des Lernens beschäftigt. Wir wollen uns nun noch mit der psychischen Bereitschaft, der Motivation, etwas zu lernen, befassen.

Ein Tier kann aus zwei Gründen lernen. Entweder es wird dazu *gezwungen,* oder es lernt *freiwillig.*

Wird ein Tier zum Lernen gezwungen, so fügt man ihm Unangenehmes, z. B. Schmerzen, zu. Das Tier wird versuchen, den Schmerzen auszuweichen, und wird aus Angst vor nochmaliger Schmerzeinwirkung eine gewünschte Handlung ausführen. Diese Methode wird heute – wider besseren Wissens – noch sehr häufig in der Pferdedressur und Hundeabrichtung angewandt. Die Bereitschaft des Tieres zu lernen, liegt in der Angst vor unangenehmen Reizen aus seiner Umwelt (negative Motivation).

In diesen Fällen handelt es sich um abartige Abrichtungsmethoden, auf die ich in diesem Kapitel nicht näher eingehe.

Lernt ein Tier freiwillig, so zeigt es positive Motivation, also spontane psychische Bereitschaft, etwas zu lernen.

Von der Motivation ist es einerseits abhängig,

- wieviel ein Hund lernt,
- wie schnell ein Hund lernt,
- wie lang ein Hund das Gelernte behält.

Andererseits ist die Motivation von der Intensität eines Reizes und der Häufigkeit, mit der er gegeben wird, abhängig.

Die psychische Bereitschaft zu lernen, hängt wiederum von der Stimmung ab, in der sich ein Hund befindet.

Den Antrieb zum Lernen finden wir überaus deutlich im angeborenen Neugier-, Erkundungs- und Spielverhalten.

Selbstverständlich kann ein Hund, auch wenn optimale Voraussetzungen vorhanden sind, nicht unendlich lernen. Dem Speicherungsvermögen sind Grenzen gesetzt, wohl weniger, weil die Kapazität der entsprechenden Zentren nicht ausreicht, sondern vielmehr, weil aufgenommene Lerninhalte einander überlagern und stören können. Es kann also nur eine bestimmte Menge an Informationen aufgenommen und später reproduziert werden.

Wir müssen auch hier das Motivationsgeschehen von zwei Perspektiven aus betrachten. Einmal die Bereitschaft, lernen zu wollen, die von dem Tier selbst ausgeht. Zum anderen die Förderung der Lernbereitschaft durch den Menschen, wodurch das Motivationsgeschehen beeinflußt wird.

In meiner Studie, die ich mit Welpen von der 8. bis zur 18. Lebenswoche durchführte, hatte ich eine Hündin, die zwischen der 9. und 13. Lebenswoche bei völliger Gesundheit nur schlief und mit Begeisterung fraß. Es war mir nicht möglich, mit ihr zu spielen oder sie zu irgendwelchen Aktivitäten zu ermuntern. Sie zeigte absolut keine Bereitschaft, etwas zu unternehmen. Ab der 13. Lebenswoche war plötzlich Aktivität zu erkennen, so daß sie nun mit großem Eifer bei allem, was es zu lernen gab, freudig dabei war.

Wenn die innere Motivation, etwas zu tun, fehlt, können die Reize von außen noch so geschickt gesetzt werden, das Tier wird nichts lernen.

Zusammenfassend können wir feststellen:

Wir unterscheiden innere von äußeren Reizsituationen, die in unserem Fall ein Hund wahrnimmt, bewertet und auf die er entsprechend reagiert. Je nachdem, wie ausgeprägt die *Motivation*, wie intensiv und wie häufig die Reize wiederholt werden, wird der Hund ein Verhalten mehr oder weniger schnell erlernen und zu einem späteren Zeitpunkt bei entsprechender Informationslage seine gelernte Handlung reproduzieren.

Das motorische Lernen

Auch wenn wir von verschiedenen Lernformen sprechen, ist immer der oben beschriebene Lernvorgang vorausgegangen. Wir sprechen von motorischem Lernen immer dann, wenn ein Individuum in einer bestimmten Situation in seinem Verhalten stets dieselbe Bewegungsfolge zeigt. Die Situation wird zum Auslöser für einen ganz bestimmten Handlungsablauf.

Ein Hund läuft beispielsweise, um zum Ausgang eines Gartens zu kommen, immer 20 Meter am Zaun entlang. Nach einer bestimmten Zeit wird der Zaun entfernt. Trotzdem läuft der Hund noch immer die gewohnten 20 Meter, obgleich er ohne weiteres direkt aus dem Garten gehen könnte. Der Hund ist an diesen Bewegungsablauf so sehr gewöhnt, daß seine Bewegungen gleichsam »automatisch« ablaufen.

Ich trainierte eine Jagdhündin, die beim Laufen immer schneller und schneller wurde, so daß sie aus der Kontrolle des Hundeführers geriet. Sie mußte lernen, sich auf einen Trillerton der Hundepfeife hinzulegen, bevor sie eine bestimmte Laufgeschwindigkeit erreichte. Nach kurzer Zeit wurde sie von mir gerufen und für ihre gute Zusammenarbeit mit einem wunderbaren Apportierspiel belohnt. Diese Übung beherrschte die Hündin bald perfekt. Mit zunehmendem Alter wurde die Hündin ruhiger, so daß die Übung nicht mehr durchgeführt wurde.

Eines Tages geschah es, daß die Hündin etwas sich Bewegendes sah und fortsprintete, und zwar so schnell, daß ich nicht mehr einwirken konnte. Also wartete ich, daß sie zurückkam. Es vergingen fünf Minuten. Es rührte sich nichts. Die Hündin war wie vom Erdboden verschwunden. Plötzlich hörte ich sie in hohen Tönen bellen, fast jaulen. Irritiert ging ich dem Bellen nach, ganz vorsichtig, da ich neugierig war, zu sehen, warum sie jaulte.

Ich entdeckte sie auf dem Wege liegend, etwa 150 Meter vom Ausgangspunkt entfernt. Besorgt rief ich sie, da sie keine Anstalten machte, von selbst zu mir zu kommen, obgleich sie mich sah. Erst als ich bei ihr war, sprang sie auf, setzte sich freudig vor mich und zeigte mir deutlich, daß jetzt, wie immer, das schöne Spiel fällig sei. Ich verstand sie, spielte mit ihr und konnte feststellen, daß ihr körperlich nichts fehlte.

Das gleiche Verhalten zeigte sie ein paar Tage später noch einmal. Nun erkannte ich den Zusammenhang.

Der Hündin schien nach dem Wegsprinten einzufallen, daß sie gewöhnlich bei einer bestimmten Renngeschwindigkeit über die Pfeife zum Liegen veranlaßt wurde. Sie brauchte die Pfeife offensichtlich nicht mehr und legte sich von selbst. Da es ihr aber zu lange gedauert hatte, bis ich sie zu mir rief (ich wußte ja nicht, daß ich rufen sollte), machte sie mit diesem hohen Bellen auf sich aufmerksam. Dieses Bellen bedeutete etwa: »Hast du mich vergessen? Ich liege jetzt schon ziemlich lange und höre nichts von Dir!«

Um sicher zu sein, daß meine Interpretation für dieses Verhalten stimmte, machte ich folgenden Versuch: Ich veranlaßte die Hündin, sich auf den gewohnten Trillerpfiff hinzulegen, und ging etwa 150 Meter von ihr weg, so daß sie mich weder hören noch sehen konnte. Jetzt wartete ich ruhig. Nach etwa sieben Minuten begann sie wie beschrieben zu bellen. Ich pfiff sie zu mir. Sie kam so schnell sie nur konnte, setzte sich vor mich hin und forderte für diese Leistung zu dem geliebten Spiel auf.

Hier liegt ein einprägsames Beispiel für motorisches Lernen oder Lernen über die Gewöhnung vor. Die Hündin war es gewohnt, sich bei einer bestimmten Laufgeschwindigkeit hinzulegen und zu warten, bis sie abgerufen wurde. Dazu brauchte sie kein Hörzeichen mehr. Sie war es nicht gewohnt, so lange warten zu müssen, um abgerufen zu werden. Daher machte sie sich bemerkbar, ohne aber den Platz zu verlassen, an den sie sich freiwillig gelegt hatte. Mit meinem Rufen und dem nachfolgenden Spiel konnte der gewohnheitsmäßige Ablauf beendet werden.

Das Lernen über die Nachahmung

Eine besondere Art des Lernens ist das Lernen über die Nachahmung. Hierbei beobachtet das Tier Verhaltensweisen eines Artgenossen und imitiert dieses Verhalten, ohne zu wissen, worum es geht. Diese Art des Lernens finden wir bei sehr vielen Primaten und Vögeln.

Daß unsere Hunde häufig über die Nachahmung lernen, halte ich für sehr unwahrscheinlich, obgleich es, vor allen Dingen von Jägern und Schäfern, immer wieder behauptet wird. Soweit ich Verhaltensweisen bei Hunden beobachten konnte, die so aussahen, als seien sie nachgeahmt, stellte ich immer fest, daß es sich nicht um Imitation handelte, sondern um Übertragung der inneren Spannung eines Individuums auf das andere.

In Versuchen, die ich mit Welpen und erwachsenen Hunden durchführte, wollte ich herausfinden, ob Hunde über die Nachahmung lernen.

Meine drei erwachsenen Hunde hatten gelernt, sich sowohl auf das Hörzeichen »Platz!« als auch auf den Trillerton einer Pfeife hinzulegen. Ich ging mit diesen drei Hunden spazieren und hatte einen jungen, fünf Monate alten Hund dabei, der in meinem Rudel lebte, aber diese Hörzeichen nicht kannte.

Immer wenn alle vier Hunde im tollsten Spiel waren, rief ich »Platz!«. Die drei Erwachsenen lagen, der junge Hund stand zunächst ratlos und kam zu mir gelaufen. Er konnte nicht verstehen, warum das Spiel so plötzlich beendet war. Auch nach zehn solcher Übungen legte sich der junge Hund nicht, obgleich die anderen immer lagen.

Nun lehrte ich den jungen Hund, sich auf das Hörzeichen »Platz!« hinzulegen. Nachdem der Hund seine Aufgabe verstanden hatte und beherrschte, unterbrach ich das schöne gemeinsame Spiel der Hunde mit meinem Trillerton der Pfeife. Wiederum lagen die erwachsenen Hunde, der junge Hund aber blieb verwundert stehen. Jetzt be-

Wieso liegen die »Alten«?

Eine »motivations-reiche« Handlung!

herrschte er das Hinlegen auf das Hörzeichen »Platz!«, mit dem Trillerton wußte er jedoch nichts anzufangen. Auch in diesem Fall legte er sich nie hin, obgleich sich alle drei erwachsenen Hunde brav bei diesem Hörzeichen niederlegten und der junge Hund über das Spiel mit ihnen aufmerksam verbunden war. Keiner meiner jungen Hunde ahmte jemals dieses Verhalten der erwachsenen Hunde nach.

Wenn ein junger Hund häufig das macht, was ein erwachsener Hund ihm »vormacht«, handelt es sich immer um sehr »motivationsreiche« Handlungen, z. B. zusammen Wild zu hetzen, zusammen vorzustehen, gemeinsam im Garten bestimmte Wege zu laufen, um den Postboten zu verbellen oder gemeinsam Joggern nachzurennen. Der junge Hund spürt in diesen Situationen, daß der erwachsene Hund erregt ist und hat dabei das Gefühl: »Hoppla, da ist was los, da mach' ich mit«. Ohne zu wissen, worum es sich handelt, zeigt er dieselben Verhaltensweisen wie der erwachsene Hund.

Der junge Hund wird nach mehrmaligem Mitlaufen mit dem Alten bald die Handlung alleine ausführen. In diesen Fällen lernt der Hund eine Situation als aufregend kennen und gewöhnt sich bei mehrmaliger Wiederholung mit dem erwachsenen Hund an die Bewegungen. Er lernt zuerst einen bestimmten Bewegungsablauf und erkennt erst dann den Zusammenhang mit einer entsprechenden Situation. Schließlich reagiert er auf diesen Reiz immer mit der gleichen Handlung. Daher läuft er dann z. B. im Garten die gleiche Wegstrekke wie seine Mutter, um den Postboten zu verbellen. Es handelt sich um motorisches Lernen.

In meinen Versuchen jedoch war *Motivationsminderung* zu erleben, da ein schönes Fangspiel plötzlich aufhörte. Es gab also keine Möglichkeit der Spannungsübertragung. Aus diesem Grunde führte der junge Hund den Bewegungsablauf, sich hinzulegen, nicht von selbst aus.

Die Generalisation: Die Übertragung des Gelernten

Eine weitere Frage ist, ob ein Hund das Gelernte auf ähnliche Situationen übertragen kann. Ist das Tier in der Lage, Verhaltensweisen, die es auf einen Reiz hin gelernt hat, auf ähnliche Reize zu übertragen, ohne mit diesen eigene Erfahrungen gemacht zu haben, so sprechen wir von der »Generalisation« des Gelernten. Auch hier vermute ich aufgrund eigener Beobachtungen, daß der Hund dazu weitaus seltener in der Lage ist, als es häufig angenommen wird.

Ich hatte sehr geräuschempfindliche Welpen und trainierte sie erfolgreich systematisch auf sehr viele unterschiedliche Geräusche. Nach Beendigung des Trainings mußte ich erkennen, daß die Hunde zwar bei den Geräuschen, die sie kannten, kein Meideverhalten zeigten, aber vor jedem neuen Geräusch, auch wenn es den schon bekannten Geräuschen sehr ähnlich war, aufs neue mit Meideverhalten bzw. Flucht reagierten.

Das Lernen durch Prägung

Da, wie schon früher erwähnt, die Prägung in der sozialen Entwicklung unserer Haushunde eine so wichtige Rolle spielt, möchte ich mich jetzt ein wenig intensiver damit beschäftigen.

Ich glaube, das Verständnis für den Hund wird um ein Vielfaches erleichtert, wenn wir genau wissen, was der Begriff »Prägung« bedeutet und was mit »Prägungsphasen« gemeint ist. Es bleibt nicht aus, daß ein neuer Begriff wie »Prägung«, der von HEINROTH und LORENZ »geprägt« wurde, oft im Laufe der Zeit mißverstanden und daher falsch gebraucht wird.

Definition: Prägung

In bestimmten Stadien der Entwicklung eines Individuums werden bestimmte Erfahrungen dauerhafter gespeichert als in anderen Entwicklungsabschnitten. Die Lerninhalte hinterlassen einen nachhaltigeren Eindruck als gleiche Erfahrungen zu einem anderen Zeitpunkt (nach IMMELMANN). Schließlich ist das Gelernte häufig nicht wieder rückgängig zu machen, es ist irreversibel. Verstreichen diese Lebensstadien ohne oder mit falschem Prägungserfolg, so entstehen Verhaltensweisen, die biologisch nicht mehr sinnvoll sind.

Es gibt also genetisch fixierte Zeiten, d. h. sensible Phasen einer Tieres, vor allem in der Jugend, in denen bestimmte Umwelterfahrungen gemacht und im Gedächtnis behalten werden müssen, damit das Tier sich entsprechend seiner Art entwickeln und später fortpflanzen kann. Die Möglichkeit des Lernens in der Prägungsphase gewährleistet eine sehr effektive, individuelle Anpassung an die Umwelt, denn beim Vorgang der Prägung wird besonders rasch und nachhaltig gelernt.

Eine zusätzliche Besonderheit der Speicherung von Lerninhalten in dieser Zeit ist die sexuelle Prägung: Hier werden bereits in früher Jugend Lern-

Sexuelle Prägung: unsere Hunde müssen im Welpenalter Erfahrungen mit dem Artgenossen machen, um als erwachsene Hunde normales Sexualverhalten zu zeigen (Bearded-Collie, 7 J., und Belgischer Schäferhund, 5 J.).

inhalte gespeichert, die aber erst mit der Geschlechtsreife, also oft Monate oder Jahre später, reproduziert werden. Das bedeutet, daß Welpenerfahrungen, die mit dem Artgenossen in den ersten Lebenswochen – der ersten »sensiblen Phase« – gemacht wurden, erst sehr viel später zum Ausdruck kommen.

Das Urbeispiel für die Prägung

Am Urbeispiel der Lorenz'schen Graugänse möchte ich den Vorgang der Prägung deutlich machen. KONRAD LORENZ bewies, daß Graugänsen das Erkennen ihrer Artgenossen nicht angeboren ist, wie man dies bis dahin glaubte, sondern daß es sich um einen Vorgang der Prägung handelt.

LORENZ ließ Grauganskuken künstlich ausbrüten und nahm selbst nach dem Schlüpfen mit diesen Tieren die ersten Kontakte auf. Die kleinen Küken waren nicht mehr in der Lage, im Zusammenleben mit gleichaltrigen und erwachsenen Artgenossen normale Verhaltensweisen zu zeigen. Sie prägten sich den Menschen, da sie ihn als erstes wahrgenommen hatten, als ihren »Artgenossen« ein. Somit liefen sie nun dem Menschen als ihrer »Gänsemutter« nach und nicht mehr ihren Artgenossen. Sehen die frisch geschlüpften Küken, wie es in der Natur normal ist, zuerst ihre Mutter und später den Menschen, so erlangt der Mensch für sie keine außerordentliche Bedeutung.

Wir können an diesem Beispiel sehr schön das genetische Gerüst erkennen. Es legt den Zeitpunkt fest, zu dem bestimmte Eindrücke von außen auf ein Individuum einwirken müssen, damit eine normale, artgemäße Entwicklung stattfinden kann.

Die kleinen Gänseküken müssen nach dem Schlüpfen, das ist in ihrem Falle die sensible Phase, zuerst ihre Mutter sehen, damit sie für die Zukunft für immer wissen, wie ihre Mutter bzw. ihre Artgenossen aussehen. Lernen sie nach dem Schlüpfen zuerst den Menschen kennen oder einen Gegenstand, der eine Mindestgröße nicht unterschreiten darf, sind sie zeit ihres Lebens auf einen falschen »Artgenossen« geprägt. Das bedeutet, und das ist das Fatale bei dieser Art des Lernvorgangs, daß die Graugänse später nicht oder nur in Ausnahmefällen in der Lage sind, sich mit einem Artgenossen zu paaren. So geprägte Gänse bieten zur Zeit ihrer Geschlechtsreife die Balzrituale dem Menschen oder einem Gegenstand an, je nachdem, wen sie in den ersten Lebenstagen als ihren »Artgenossen« kennenlernen konnten.

Bei unseren Haushunden richtet sich der spätere Grad der Sozialisation nach den eigenen sozialen Erfahrungen in einer Phase, die zwischen der dritten und vierzehnten Lebenswoche liegt und in der siebten Woche ihren Höhepunkt hat (IMMELMANN).

Wir erinnern uns, daß sich die Hirnströme eines Welpen ebenfalls in der siebten Lebenswoche nicht mehr von denen erwachsener Hunde unterscheiden ließen. Es ist interessant, zu erkennen, daß zwischen der Funktionstüchtigkeit der Großhirnrinde und dem Höhepunkt der sozialen Prägung offensichtlich ein direkter Zusammenhang besteht.

Die Prägung des Hundes auf den Menschen

Bei den Haushunden scheint eine genetische Information mit dem Inhalt vorzuliegen: »Großes Aufrechtstehendes« oder »großes auf-mich-Zugehendes« ist Feind! Vorsicht bei diesem Reiz! Verhalten auf Flucht einstellen!« Bleibt das »Aufrechtstehende« unbeweglich, so kann der Hund fluchtbereit dieses Objekt beobachten und unter Umständen, falls sich das Objekt nicht rührt, z. B. ein einzeln stehender Baum, auch sehr vorsichtig inspizieren. Findet er heraus, daß dieser Baum für ihn keine Gefahr bedeutet, wird er sich allmählich in einer entsprechenden Situation neutral und psychisch unbeeindruckt verhalten.

Bewegt sich dieses »große Aufrechtstehende« aber auf den Welpen zu, so wird dieser mit entsetzlichem Geschrei panikartig fliehen.

Hat ein Welpe in einer Zeit, in der er diese bedrohlichen Erfahrungen machen muß – etwa zwischen der dritten und neunten Lebenswoche – keine Möglichkeit, solche Gestalten kennenzulernen, wird er weiterhin jedesmal in Panik fliehen. Erlebt er z. B. einen auf ihn zugehenden, aufrechten Menschen und hat keine Möglichkeit, dieses auf ihn so bedrohlich Wirkende positiv kennenzulernen, so wird der spätere Hundebesitzer zeit seines Lebens in solchen Situationen mit seinem Hund Probleme haben. Entweder geht der Hund beim Anblick eines Menschen zur Flucht über, oder er zeigt Meideverhalten, eine Vorstufe der Flucht, oder er versucht, falls ihm die Flucht nicht gelingt, um sein Leben zu kämpfen und greift an. So ein Hund wird dann als »Feigling« oder als »wesensschwacher Angstbeißer« abqualifiziert.

Bei meinen Bearded-Collie-Welpen konnte ich feststellen, daß sie im Alter von vier Wochen, nachdem sich ihr Lebensbereich auch auf einen großen Garten erstreckte, nur für kurze Zeit die Tendenz zur Flucht zeigten, wenn für sie fremde Artgenossen auftauchten. Es dauerte keinen halben Tag, so kannten sie diese erwachsenen Hunde, die in unserer Gemeinschaft lebten, und begrüßten sie bei jeder Begegnung überschwenglich.

Begegneten sie mir in diesem Alter unvermittelt im Garten, die sie mich wahrlich kannten, da ich mich von früh bis spät mit ihnen beschäftigte, flohen sie zunächst alle. Einige verharrten im gemessenen Abstand und beobachteten mich kritisch. Sie hielten sich auf jeden Fall fluchtbereit, solange ich stehen blieb. Sobald ich mich bewegte und in meiner vollen Größe auf die verharrenden Welpen zuging, schlug ich sie vollends in die Flucht.

Erst wenn ich mich über meine Stimme zu erkennen gab und mich zusätzlich noch »verkleinerte«, kamen sie zögernd auf mich zu. Wenn sie mich schließlich über den Geruch sicher identifiziert hatten, folgte eine stürmische Begrüßung. Jetzt kamen auch die Welpen, die sich vorsichtshalber in Sicherheit gebracht hatten.

Es dauerte drei Tage, bis alle Welpen gelernt hatten: »Wenn diese große aufrecht gehende, nicht sprechende Person unvermittelt im Garten auftaucht und auch noch strammen Schrittes auf uns zugeht, brauchen wir nicht zu fliehen, sondern können sie vorbehaltlos begrüßen.«

Dieselben Erfahrungen wurden nun auch bei fremden Personen gemacht, so daß etwa am 35. Lebenstag auch alle Fremden herzlich und unbefangen begrüßt wurden.

An diesem Beispiel wird außerdem deutlich, daß ein Hund für derartige Lernvorgänge offensichtlich nicht nur über die Nase seine Eindrücke sammelt, sondern auch das Auge und das Ohr einsetzt.

Bei einigen Hunderassen konnte ich feststellen, daß die Welpen bis etwa zur zwölften Woche fremden Personen gegenüber vorbehaltlos zutraulich waren. Plötzlich aber veränderten sie sich und verhielten sich wie meine vier Wochen alten Welpen. Sie zeigten Fluchtverhalten, wenn sie Personen wahrnahmen, die auf sie zugingen. Die unvermittelt auftretende Scheu in dieser Situation behielten sie ihr ganzes Leben bei. Leider gingen sie oft zu Angstangriffen über. Mit gezieltem Training konnte ich dieses Verhalten in bestimmte, erträgliche Bahnen lenken. Zuverlässig in den Griff zu bekommen war das Fehlverhalten nicht mehr.

Wie ist dieses Phänomen zu erklären? Ich vermute, daß hier ein züchterisches Problem vorliegt, da es bei bestimmten Rassen gehäuft auftritt.

Diese Hunde wurden, wie alle anderen Hunde, optimal aufgezogen und zeigten plötzlich, ohne äußere Einwirkung, das Fehlverhalten. Wie ich vorher sagte, gilt als Voraussetzung für das Lernen durch Prägung die physische und psychische Wahrnehmung von entsprechenden Situationen. Im eben beschriebenen Fall glaube ich, daß die psychische Wahrnehmung nicht funktioniert hat. Der aufrecht auf den Hund zugehende Mensch wird im Alter von vier Wochen zwar gesehen, also wahrgenommen, aber nicht psychisch bewertet. In dem Augenblick, in dem die Bewertung erfolgt, nämlich das genetisch vorgegebene Feindbild als solches erkannt wird, ist die sensible Phase für die Verarbeitung derartiger

Eindrücke bereits verstrichen. Der Hund kann nur noch wie bei normalen Lernvorgängen trainiert werden, wobei dieses nachträgliche Lernen dadurch erschwert wird, daß der Hund jedesmal bei der Begegnung mit dem Menschen in eine psychisch für ihn unangenehme Situation, nämlich in Angst, gerät.

Es stimmen hier also der Zeitpunkt der genetisch vorgegebenen Phase, bestimmte Wahrnehmungen zu machen, und der Zeitpunkt der psychischen Bewertung nicht überein. Die Zeiten sind nicht mehr aufeinander abgestimmt, so daß die Prägung auf den Menschen nicht erfolgen kann.

Zusammenfassung

Unsere Haushunde zeigen in ihren Lebensgemeinschaften hoch entwickelte Sozialstrukturen. Die Entwicklung ihres Sozialverhaltens geschieht innerhalb genetisch vorgegebener Stadien. In diesen festgelegten Zeiträumen erfolgen die entsprechenden physischen und psychischen Reifungsprozesse, die wiederum von den Erfahrungsmöglichkeiten abhängen, die Hunde mit ihrer Umwelt machen.

Das genetische Gerüst bewirkt die Entwicklung und benötigt dazu das jeweils entsprechende Umfeld. Auf diese Weise ist die individuelle Anpassung an bestimmte Lebensräume optimal gewährleistet.

Voraussetzung für das Verständnis des Menschen für den Hund ist die Kenntnis der biologischen Entwicklung des Hundes. Das Wissen um bestimmte lernpsychologische Vorgänge ist unerläßlich, denn der Mensch lehrt den Hund bestimmte Handlungen, die für das Zusammenleben von Mensch und Hund notwendig sind. Die Verständigung muß daher so geschehen, daß der Hund den Menschen *richtig* versteht.

Bedingung für das Lernen sind entsprechende physische Leistungen und psychische Reaktionen des Hundes. Die Bereitschaft eines Hundes, etwas zu lernen, hängt vom psychischen Zustand und von den gegebenen Reizen ab. Die psychische Bewertung des wahrgenommenen Eindrucks wird die folgende Handlung des Hundes bestimmen.

Ein besonderes Ergebnis von Lernvorgängen – wir sprechen von prägenden Lernvorgängen – finden wir in bestimmten Entwicklungsstadien des Hundes. Dabei werden Erfahrungen dauerhafter gespeichert als in anderen Entwicklungsabschnitten. Das Gelernte wird weniger schnell vergessen als gleiche Erfahrungen, die zu einem anderen Zeitpunkt gemacht wurden, oder das Gelernte wird gar nicht mehr vergessen.

Aus diesem Grund muß der Hund den Menschen, den er aufgrund seines großen, aufrechten Ganges zunächst für einen *Feind* hält, zu einem bestimmten, genetisch vorgegebenen Zeitpunkt psychisch positiv bewerten. Geschieht dies nicht im richtigen Zeitraum, wird der Hund nicht auf den Mensch geprägt und wird ihn nie mehr als vertrauten Partner empfinden können.

KAPITEL 3

Die Verständigung der Hunde untereinander

Die Verständigung innerhalb einer Hundefamilie

Das Verhalten der Mutterhündin ihren Welpen gegenüber

Um die Probleme von schwierigen Hunden analysieren zu können, ist es äußerst hilfreich, zu wissen, wie die Welpen von der Mutterhündin betreut worden sind. Dafür ist es unerläßlich, die Sprache des Hundes zu erlernen.

Ich mußte also über genaues Beobachten erkennen, wie sich eine Hündin mit ihren Jungen verständigt. Aus diesem Grunde begann ich mit meiner Bearded-Collie-Hündin zu züchten.

Es galt, herauszufinden, *ob* eine Hündin ihre Jungen erzieht, und vor allen Dingen, wenn sie dies tut, *wie* sie ihre Aufgabe bewältigt.

Mit der Zucht dieser Hündin hatte ich Glück, denn sie bekam einmal sieben und einmal acht gesunde Welpen und zeigte ein vorbildliches Brutverhalten, wie es im Lehrbuch steht. Dies war für mich wichtig, da ich somit annehmen konnte, eine psychisch normale, genetisch intakte Hündin zu haben. Weder die Hündin noch die Welpen benötigten in der Zeit der Aufzucht meine Hilfe oder die eines Tierarztes.

Die Betreuung der Welpen im vegetativen Stadium

In diesen Tagen nach der Geburt verließ die Mutter ihre Jungen sehr selten und nur dann, wenn es unbedingt notwendig war. Eigentlich nur, um zu fressen oder sich zu versäubern. Interessanterweise suchte sie sich, im Gegensatz zu ihrer sonstigen Gepflogenheit, immer ganz dichtes Gebüsch, um sich zu versäubern – ein gutes Stück entfernt von ihrem üblichen Spazierweg. Ich vermute, sie wollte so mögliche »Feinde« von ihren Jungen ablenken, genauso wie es viele unserer Singvögel tun, wenn sie das »Kotpäckchen« ihrer Jungen wegtragen. Erst auf einen Reiz hin geben die Nestlinge ihren Kot ab, den der Altvogel dann mit dem Schnabel aufnimmt und damit vom Nest wegfliegt, um ihn an einer *neutralen* Stelle fallen zu lassen.

Die Hündin verteidigte ihre Jungen gegen alle fremden Menschen, indem sie diese anknurrte. Verstand ein Mensch diese Vorwarnung nicht, verscheuchte sie den Unverständigen, d. h., sie ging auf ihn zu und versuchte, ihn *fortzuschnappen.* Dabei passierte es, daß so ein Mensch aus Versehen auch einmal gezwickt wurde. Nur die Personen, die sie vom Welpenalter an kannte, konnten bedenkenlos an ihre Jungen herangehen und sogar den einen oder anderen Welpen herausnehmen. Freunde, die sie erst als erwachsener Hund kennengelernt hatte, durften zwar an die Wurfkiste herangehen, sich aber nicht darüberbeugen. Taten sie es trotzdem, knurrte sie warnend. Die Unbelehrbaren, die sich nicht an die Warnung hielten, wurden abgeschnappt.

Für diesen Vorgang gibt es eine physiologische Erklärung, die biologisch sehr sinnvoll ist:

Während der Trächtigkeit produziert der Mutterkuchen, der jeweils einen Welpen in der Gebärmutter umgibt, eine erhebliche Menge Progesteron, ein Hormon, das über den Blutkreislauf auf die Hündin eine beruhigende Wirkung ausübt. Nach Beendigung der Geburt fällt der Progesteronspiegel abrupt ab, so daß der ruhigstellende Effekt dieses Hormons reduziert wird. So kann »... die plötzlich eintretende Konzentrationsverminderung Erregbarkeit und Aggressivität auch gegenüber den Welpen auslösen, insbesondere, wenn dieser Vorgang zeitlich mit andersartigen Störungen zusammenfällt«. (HART und HART)

Bei meiner Hündin war sehr schön, zu beobachten, wie sie sich während der Geburt um keinen Menschen kümmerte. Ich wußte jedoch genau, wann der Geburtsakt beendet war, da die Hündin ihr Verhalten Menschen gegenüber schlagartig veränderte. Jeder, der nicht zur Familie gehörte, wurde plötzlich angeknurrt und ohne große Umstände des Wurfzimmers *verwiesen.*

Ihren neugeborenen Welpen gegenüber verhielt sie sich, da sie physisch und psychisch gesund war, sehr besorgt und fürsorglich.

Einerseits ist es von außerordentlicher Bedeutung, die Brut gegen »Feinde« zu verteidigen, andererseits muß jedoch gewährleistet bleiben, daß die Nachzucht ohne Aggression versorgt wird.

Wir sehen an diesem Beispiel, wie die genetischen, die physischen und die psychischen Vorgänge fein aufeinander abgestimmt sind. Würde also in unserem Beispiel der Progesteronspiegel im Blut zu stark sinken, würde die Hündin selbst ihren Jungen gegenüber aggressiv sein und sie schlimmstenfalls töten.

Gegen die in unserem Rudel lebenden Hunde war ein aktives Verteidigen der Jungen nicht nötig, da sich die Tiere über die Mimik »absprachen«. Die Hunde gingen sehr wohl an der Wurfkiste vorüber, sahen aber geflissentlich an den Welpen vorbei, blieben auch nicht stehen, sondern zeigten vollen Respekt der Hündin und den Welpen gegenüber. Während die Hunde an den Jungen vorbeigingen, saß die Mutterhündin aufmerksam und kritisch beobachtend über ihren Welpen und maß ab, ob sie die Nähe der anderen Hunde noch tolerieren konnte. Kein einziges Mal mußte sie die Hunde in ihre Schranken verweisen. Sie hatten verstanden und fügten sich, obgleich meine Schäferhündin nur zu gerne in die Wurfkiste gespitzt hätte!

Die Mutter kümmerte sich sorgfältig um die kleinen Welpen. Sie putzte sie, damit sie ihre Exkremente abgeben konnten, leckte sie und ließ sie regelmäßig trinken. Nahm ich eines der Jungen zum Wiegen aus dem Nest, war sie sehr besorgt und wirkte etwas aufgeregt, ließ es aber vertrauensvoll geschehen. Dieses Verhalten zeigte sie bis zum Ende des vegetativen Stadiums.

Die Betreuung der Welpen im Stadium des Erwachens

In dieser Zeit wurden die Aufenthalte der Mutter außerhalb des Nestes länger. Sie pendelten sich so ein, daß die Mutter etwa nach siebzehn Tagen ganz regelmäßig alle zwei Stunden ins Nest ging, die Kleinen versorgte, putzte und leckte. Ansonsten legte sie sich gerne neben die Wurfkiste, um sich von den Strapazen zu erholen.

Außer zu Spaziergängen, die sie von der Zeit her selbst einteilte, verließ sie das Wohnzimmer, in dem die Wurfkiste stand, nicht. Je älter die Jungen wurden, desto länger war sie bereit, mit mir mitzugehen. Zunächst ging sie höchstens zehn Minuten mit. Später steigerte sie die Dauer auf zwanzig Minuten bis zu einer Stunde. Wollte ich länger gehen, kehrte sie einfach um und ging ohne mich nach Hause, obwohl sie sonst lange Spaziergänge sehr schätzte.

Jetzt dürfen sich die zur Familie gehörenden Hunde auch mit den Welpen beschäftigen (Deutsche Schäferhündin, 3 Jahre, und Bearded-Collie-Welpen, 5½ Wochen).

Die Betreuung der Welpen im Stadium der Eroberung der Umwelt

Zu Beginn dieses Stadiums waren die Welpen nun schon groß genug, um die Wurfkiste zu verlassen. Daher trug ich sie regelmäßig alle zwei Stunden in den Garten. Offensichtlich war die Mutter mit meinem Handeln zu diesem Zeitpunkt einverstanden, denn sie beobachtete ruhig, was die Jungen im Garten machten. Jetzt duldete sie auch, daß die anderen bei uns lebenden Hunde an die Kleinen herangingen, sie beschnupperten und zu spielen anfingen. Aber wehe einem *fremden* Hund, der es wagen sollte, als nicht zu unserer Lebensgemeinschaft gehörender Artgenosse an die Welpen heranzugehen. Wie eine Furie verteidigte sie ihre Jungen gegen den vermeintlichen Angreifer.

Im großen und ganzen konnte ich feststellen, daß das Verteidigen der Brut in dem Maß abnahm, in dem die Jungen selbständiger wurden. Schließlich war die Verteidigung nicht mehr von der sonst üblichen Revierverteidigung zu unterscheiden.

Meine Hündin begann, »Vorratskammern« in unserem Garten anzulegen, wenn sie als Futter z.B. ein großes Stück Fleisch bekam. Sie vergrub es in bestimmten Verstecken. Es schien mir, als sorge sie für »schlechte Zeiten« vor. Dieses Verhalten zeigte sie nur, wenn sie Junge hatte. Zu anderen Zeiten fraß sie mit Begeisterung solche Leckerbissen.

Die in meiner Gemeinschaft lebenden Hunde beobachteten die Hündin scheinbar ohne aktives Interesse bei diesen *Eingrabaktionen.* Ging die Mutterhündin, nachdem sie ihre Arbeit gewissenhaft überprüft hatte, wieder zu ihren Jungen, erhoben sich die am Geschehen *uninteressierten* Hunde und gingen zielstrebig zu einer soeben angelegten Vorratskammer, um sie zu plündern.

Einmal wartete meine Schäferhündin nicht lange genug, bis die Mutterhündin verschwunden war, und wurde beim Plündern ertappt: Wie ein Blitz kehrte die Mutter zu dem Versteck zurück. Ebenso blitzartig ließ die »Räuberin« ihre Beute fallen und entfernte sich, als sei nichts geschehen. Die Bearded-Hündin nahm das Stück Fleisch auf und vergrub es an einem anderen Platz.

Auch hier verständigten sich die Hunde ohne viel Aufhebens: Das Auftreten der Mutterhündin genügte, um die Schäferhündin in ihre Schranken zu verweisen.

Um diesen Raubaktionen aus dem Wege zu gehen, gab ich der Mutterhündin, ohne viel darüber nachzudenken, ein großes Stück rohes Fleisch in die in »Wohn- und Schlafzimmer« aufgegliederte Wurfkiste. Ohne großes Aufsehen zu erregen, legte ich das Stück Fleisch einfach in den »Wohnraum«. Noch bevor die Mutter etwas bemerkte, machten sich einige Welpen – sie waren 21 Tage alt – an der für sie offensichtlich wohlriechenden Beute zu schaffen. Unvermittelt stürzte sich die Mutter auf die Kleinen, schnappte sich das Fleisch und verharrte. Die jungen Hunde wollten jedoch von diesem wohlriechenden Stück nicht ablassen. Sie knurrte laut, legte das Stück wieder ab und stellte sich darüber. Sobald sich ein Junges wieder heranwagte, knurrte sie. Respektierte es diese Drohung nicht, zog sie die Lefzen hoch und schnappte schließlich nach dem Vorwitzigen. Dieses Schauspiel währte so lange, bis sich die Kleinen alle in einem bestimmten Abstand von ihr hielten. Erst jetzt begann die Mutter, das Fleisch genüßlich zu verspeisen, während die Jungen resigniert zusehen mußten.

Ist diese Hündin eine Rabenmutter? Für uns Menschen mag dies so aussehen. Es gibt jedoch gute biologische Gründe für ihr Verhalten.

Von den Wölfen und einer Vielzahl unserer Haushunde ist bekannt, daß sie ab einem bestimmten Alter Futter, welches sie gefressen und schon im Magen vorverdaut haben, für ihre Welpen hervorwürgen. Damit werden die Jungen gefüttert und auf bestimmtes Futter eingestellt. Durch das Vorverdauen wird unter anderem die Nahrung für die Welpen leichter verträglich gemacht, und weiterhin werden aufgrund der hohen Magensäurekonzentration krankmachende Keime abgetötet. Das ist eine wertvolle Einrichtung.

Vielleicht reagierte meine Mutterhündin deshalb so energisch, weil sie das rohe Fleisch für ihre Welpen als Nahrung für ungeeignet hielt. Es war weder vorverdaut noch keimreduziert gewesen.

Meine Hündin würgte Nahrung immer dann hervor, wenn die Welpen sehr hungrig waren und sie am Gesäuge sehr traktierten. Unwillig schüttelte sie die Welpen ab, die ab der vierten Lebenswoche meistens an der stehenden Mutter tranken. Steht die Hündin beim Säugen, wird das Gesäuge geschont und vor den spitzen Zähnen und den Krallen der Welpen bewahrt. Hatte sie sich von ihren hungrigen Welpen befreit, ging sie ein Stück weg und würgte das vorverdaute Futter vor.

Ich hatte den Eindruck, daß sie das Futter immer dann hervorwürgte, wenn sie von den Welpen übermäßig bedrängt wurde. Vielleicht hatte sie auch zu bestimmten Tageszeiten nicht genug Milch und mußte die Welpen mit hervorgewürgtem Futter zufriedenstellen. Frühmorgens allerdings würgte sie das Futter nie hervor, da ließ sie die kleinen Hunde immer trinken.

Wie die Mutterhündin ihren Jungen mitteilte, daß diese mit drei Wochen noch nicht an rohem Fleisch zu naschen hätten, beeindruckte mich sehr und veranlaßte mich, die erwachsenen Hunde ohne weiteres im Beisein der Welpen zu füttern. Da die jungen Hunde andere Futterzeiten hatten als die Erwachsenen, waren sie natürlich sehr interessiert an anderem Futter.

Fütterte ich meine erwachsenen Hunde erstmalig im Beisein der Welpen, so spielte sich folgendes ab:

Zunächst versuchten die Welpen einfach, auch an die Futternäpfe zu gehen, um etwas abzubekommen. Kamen sie den fressenden Alten zu nahe, so war ein drohendes Knurren zu hören. Respektierten die Welpen dies nicht, so wurden zu dem Knurren auch noch die Zähne gezeigt. Nützte dies auch nichts und versuchte so ein vorwitziger Welpe trotzdem noch, irgendwie an das Futter heranzukommen, mußte der erwachsene Hund zum letzten ihm zur Verfügung stehenden Mittel greifen: Er knurrte, fletschte die Zähne und schnappte auch noch nach dem kleinen Frechling. Ich habe nie erlebt, daß dabei einem Welpen auch nur ein einziges Haar gekrümmt worden wäre. Diese Methode hatte immer durchschlagenden Erfolg. Nun hielten sich alle Welpen im gemessenen Abstand und sahen den *Alten* beim Fressen zu.

Es dauerte zwei Tage, bis keiner der Welpen zu irgendeiner Zeit auch nur *versuchte,* an das Futter der erwachsenen Hunde heranzugehen. Der Lernerfolg war erreicht. Die kleinen Hunde verstanden nicht nur ihre eigene Mutter, sondern es wurden auch andere Hunde, die sich so wie die Mutter verhielten, mit der entsprechenden Reaktion respektiert.

Die Spiele zwischen Mutterhündin und ihren Jungen in diesem Lebensabschnitt waren bei dieser Hündin zunächst nicht sehr abwechslungsreich. Meist stupste sie ein Junges mit der Schnauze. Dabei wurde sie immer grober. Der kleine Welpe fiel um, überschlug sich, doch wehren konnte er sich nicht. Schließlich zeigte der Welpe deutliches Unbehagen, manchmal quietschte er auch, bis die Mutter mit einem Male aufhörte, so grob zu spielen, und den Kleinen, der auf dem Rücken lag, in der Analgegend zu putzen begann. Sie leckte ihn wie in den ersten Welpentagen in der Wurfkiste. Ruhig und vielleicht auch zufrieden blieb der Welpe auf dem Rücken liegen. Danach entfernte sich die Mutter, ohne sich weiter um das Hundekind zu kümmern.

Ich konnte beobachten, daß die

Welpen sich immer häufiger, sowie die Mutter ein solches Spiel grob werden ließ, auf den Rücken legten; oft schon, obwohl das Spiel noch gar nicht begonnen hatte.

Im Laufe der Entwicklung veränderten sich die spielerischen Kontaktaufnahmen zwischen der Mutterhündin und ihren Welpen: In der zweiten Hälfte des Stadiums der Eroberung der Umwelt lösten Fangspiele die Stupsspiele ab. Entweder forderten die Jungen die Mutter mit einer bestimmten Geste zum Spiel auf, oder die Hündin animierte ihrerseits mit der gleichen Geste zum Fangspiel. Dabei legte sich der jeweilige Hund auf die Vorderläufe und stellte die Hinterläufe auf. Oft bellte er dazu noch herausfordernd.

Häufig wurde wegen eines Spielzeuges gejagt, oft aber jagten sich die Hunde grundlos. Hatte die Mutter ein Spielzeug im Fang und ein Welpe wollte es greifen, duldete sie dies nie. Mit einem kurzen Knurren teilte sie mit, daß *Beute-aus-dem-Fang-Ziehen* ungehörig ist. Auch hier klappte die Verständigung sehr schnell. Nach so einer Zurechtweisung unterließen die Welpen den Versuch, der Mutter die Beute abzunehmen. Die Mutter jedoch bemächtigte sich ohne Umschweife sofort der Beute, auch wenn der Welpe sie nicht abgeben wollte. Ein kurzes Knurren – und schon gab der Welpe sie frei.

Kein einziges Mal konnte ich – im Gegensatz zu häufig zitierten Beobachtungen – feststellen, daß die Mutterhündin die Welpen über ein Schütteln im Nacken in ihre Schranken verwies. Auch bei Verhaltensstudien an anderen Würfen und Rassen konnte ich ein solches Verhalten den Welpen gegenüber nicht beobachten.

Die jungen Hunde wurden entweder über Lautäußerungen (knurren) oder die Mimik (Zähne zeigen) und manchmal mit beiden Verhaltensweisen gleichzeitig in ihre Grenzen verwiesen. Fügte sich ein Welpe nicht, kam zu diesen Drohgebärden eine stärkere Lautäußerung (bellen) und ein auf den Welpen gerichtetes Schnappen dazu. In ganz hartnäckigen Fällen, die ich jedoch bei meinen eigenen Würfen nie erlebt habe, wurde diese Drohgebärde mit einem *Auf-den-Welpen-Zugehen* oder einem *Über-den-Welpen-Stellen* verstärkt und mit Knurren noch untermauert. Daß jedoch eine Hündin den Welpen am Genick packte und ihn abschüttelte, um ihn zurechtzuweisen, konnte ich nie erleben.

Die Betreuung der Welpen im Stadium des Umgangs mit der Umwelt

Gegen Ende des Stadiums der Eroberung der Umwelt beginnt der junge Hund, seine Erfahrungen, die er bis dahin gemacht hat, anzuwenden. Diesen Umbruch erkennen wir nicht nur im Verhalten des Welpen, sondern auch in der Beziehung der Mutterhündin zu ihren Welpen: Die Hündin stellt im allgemeinen jede Art der körperlichen Fürsorge, die sie den Welpen so intensiv schenkte, dem Junghund gegenüber ein. Er wird jetzt fast so behandelt, als wäre er nicht mit ihr verwandt. Den noch manchmal Kontakt suchenden Junghund weist sie zurecht und ist sehr darauf bedacht, ihren Individualabstand eingehalten zu wissen. Sie zieht sich eher zurück, um die temperamentvollen Kontaktaufnahmen der Jungen nicht immer wieder regeln zu müssen.

Aufforderung zum Spiel: Deutsch-Langhaar-Hündin, 4 Jahre.

Da einige meiner Welpen in meiner Wohnnähe blieben, konnte ich das Verhältnis der Hündin zu ihren heranwachsenden Kindern beobachten. Die jungen Hunde kamen mit ihren neuen Hundeführern regelmäßig einmal pro Woche zu den von mir eingerichteten Welpenspieltagen.

Diese bewährten sich in mehrfacher Hinsicht. Die *frisch gebackenen* Hundeführer konnten lernen, mit ihren kleinen neuen Familienmitgliedern richtig umzugehen. Dabei durften die jungen Hunde weiterhin voller Lebensfreude miteinander spielen und toben. Die Hundemutter und die anderen erwachsenen Hunde beteiligten sich ebenfalls an den Spielen und trugen vor allen Dingen dafür Sorge, daß die Jungen nicht zu aufdringlich wurden. Sie wiesen die manchmal sehr übermütigen Hundekinder zurecht, wenn sie ihre Grenzen den Alten gegenüber überschritten.

Eines Tages, als die jungen Hunde etwa sieben Monate alt waren, rannte die Mutter unvermittelt temperamentvoll bellend zielstrebig den Jungen voran in den Wald. Bezeichnenderweise sah sie sich geflissentlich um, ob auch alle mitkamen. Die jungen Hunde waren zunächst etwas verdutzt, blieben stehen, wohl um die Situation zu erfassen, und rannten dann der Mutter nach. Mit großer Geschwindigkeit folgten ihr alle mit Gebell, das so klang, als gäbe es Beute zu machen. Als die Aufforderung gelungen war, die Kinder mobil zu machen, blieb die Mutter stehen, besah sich ihr Werk und kehrte unaufgefordert zu mir zurück mit der Miene: »Habe ich das nicht gut gemacht?« Da die Welpen die Mutter verloren hatten, dauerte es nicht lange, bis alle gemeinsam wieder zurückkehrten.

Dieses Verhalten wiederholte sich, so daß ich meine Hündin zu den Welpenspaziergängen nicht mehr mitnahm, da sie dieses Auffordern zum

Welpenspieltage nur für die Welpen?

Aufbruch in den Wald auf Spaziergängen auch mit anderen halbwüchsigen Hunden schon gezeigt hatte. Ich wollte die jungen Hunde nicht zum Wildern erzogen haben. Es ist zu bemerken, daß die Bearded-Collie-Hündin sehr wenig Interesse am Wild und an Wildfährten zeigte, wenn sie *ohne* Junghunde unterwegs war. Die Aufforderung zum Weglaufen erfolgte immer spontan, ohne den Reiz von Wild, und immer nur mit jungen Hunden, die etwa im Alter von sieben Monaten waren.

Die Deutung für dieses Verhalten bleibt reine Spekulation. Vielleicht überprüft die Hündin über dieses Verhalten für sich den Stand der Rangordnung. Vielleicht gibt sie damit den Anstoß für einen zufälligen Lernerfolg, der dann in den Bereich des Jagens und Beutemachens fällt. Mit Sicherheit werden die jungen Hunde bei diesen zunächst sinnlosen, aber sehr spannungsreichen Ausflügen irgendwann zufällig auf Wild stoßen, das sie dann natürlich auch verfolgen werden. Damit hätten sie schnell gelernt: »Ich muß in den Wald, da finde ich etwas zum Verfolgen!«

Diese Aufforderung zum plötzlichen Aufbruch in den Wald konnte ich auch bei anderen sehr selbstsicheren Hunden beobachten. Mein Belgischer Schäferhundrüde übernahm später bei Spaziergängen die Führung. Er forderte, genauso wie ich es bei der Bearded-Hündin beschrieben habe, völlig unvermittelt zur Jagd auf, obwohl weit und breit kein Wild zu sehen war.

Auslöser für diese Aufforderung war meist ein gegenseitiges Fangspiel. Mitten in diesem Spiel verharrte der Rüde unvermittelt, um dann spontan loszusprinten. In Sekundenschnelle hatten die anderen Hunde verstanden und zogen mit. Der Weg führte immer in den Wald, der durchaus weit entfernt sein konnte. Interessant dabei war, daß der Anführer immer als erster wieder zurückkam. Er schien zufrieden, daß die Aufforderung so hervorragend befolgt wurde.

Nie forderte in meiner Hundegemeinschaft ein im Rang tiefer stehender Hund zu so einer Jagd auf. Im Gegenteil, lief ein rangniedriger Hund los, ignorierten die anderen im Rang höherstehenden Hunde diese Handlung.

Zusammenfassung

In den ersten Lebenstagen der Welpen scheint für eine Hündin, neben der Ernährung und Pflege, die Sicherheit der jungen Hunde von größter Bedeutung zu sein. Die Verteidigung der Welpen reduziert sich im Laufe der Entwicklung auf ein Maß, das vom normalen Revierverhalten nicht mehr zu unterscheiden ist. Es hängt vom *Selbständigwerden* der Welpen ab.

Das Hervorwürgen der Nahrung erfolgt immer dann, wenn sich die Mutterhündin von den Welpen übermäßig bedrängt fühlt. Um etwaigem Nahrungsdefizit vorzubeugen, werden »Vorratskammern« angelegt.

Die Verständigung zwischen der Mutterhündin und den Welpen scheint sich im wesentlichen darauf zu beschränken, den kleinen Hunden zu zeigen, wo ihre Grenzen liegen. So erlernen die Welpen bereits im Alter von drei Wochen, Distanz zu halten, wenn dies die Mutterhündin wünscht. Als Mittel dazu werden Mimik, Lautäußerungen und Körpersprache eingesetzt. Ein Schütteln im Nacken als Erziehungsmaßnahme wurde weder bei der Aufzucht meiner Welpen noch bei vielen anderen von mir beobachteten Würfen wahrgenommen.

Über das Spiel mit der Mutter, das häufig sehr grob wirkt, erlernen die Welpen, mit einer bestimmten Körperhaltung bei der Mutter Brutverhalten auszulösen: Sie lassen sich den Bauch und die Analregion lecken. Diese körperlichen Kontaktspiele werden im zweiten Abschnitt der Eroberung der Umwelt von immer häufiger wiederholten Fangspielen zwischen Mutter und Welpen abgelöst.

Im Alter von etwa sieben Monaten enden diese Fangspiele oft in einem Aufbruch zur »Jagd«, allerdings ohne Jagdziel. Die Jagd wird von der Mutterhündin angezettelt. Bei dieser fingierten Jagd scheint es der Hündin eher um die Abklärung ihres sozialen Ranges zu gehen, als die jungen Hunde in der Jagd zu unterweisen.

Das Verhalten der Welpen untereinander und ihre Antwort auf das mütterliche Verhalten

Wir haben gesehen, wie die jungen Hunde lernen mußten, Verhaltensweisen der Mutter zu erkennen, zu bewerten und darauf zu reagieren. Daraus ergab sich eine gegenseitige Toleranz, die ohne große Einwirkungen geregelt war und sich harmonisch eingespielt hatte.

Als nächstes wollen wir beobachten, wie sich die Welpen untereinander verständigen und wie sie das mütterliche Verhalten beantworten.

Welpe und Welpe im vegetativen Stadium

Das erste, was ein neugeborener Welpe tut, wenn er zunächst Luft geholt hat – wenn also Luft seine Lungen entfaltet hat, ist, die Nahrungsquelle bei der Mutter aufzusuchen. Hat er die mütterliche Zitze gefunden, weiß er genau, wie er mit ihr umzugehen hat. Kaum ist die Nahrungsquelle gefunden, wird der Welpe auch schon Konkurrenz bekommen, da ein Wurf mit nur einem Welpen zu den Ausnahmen gehört. Schon beginnt der Kampf um das Überleben.

Jeder der Welpen, die in meinen Würfen heranwuchsen, war gesund, kräftig und zufriedenstellend vital. So war das Gerangel um die Zitzen auch sehr ausgeprägt. Die Kleinen versuchten, sich gegenseitig von der Nahrungsquelle wegzudrängen. Dabei scharrten sie mit den Vorderläufen, um den vermeintlichen Konkurrenten wegzudrücken. Auch stupsende Bewegungen mit dem Kopf, die nach meinen Beobachtungen nicht nur eingesetzt wurden, um eine Zitze zu erfassen, sollten das Abdrängen noch unterstützen.

Eroberte ein Welpe eine Zitze, so mußte der Abgedrängte nun seinerseits sehen, wie er wieder eine andere Zitze bekommen konnte. Dieses Gerangel wiederholte sich immer wieder, bis die Mutter nicht mehr säugte.

Dies ist ganz anders bei Katzen. Hier stellt sich nach meinen langjährigen Beobachtungen an zehn Katzenwürfen eine absolut feste Trinkordnung ein. In keinem der Würfe fand je nach dem siebzehnten Lebenstag noch ein Kampf um die Zitzen statt. Wurden junge Katzen nach dieser Zeit aus dem Wurf entfernt, so blieben die von ihnen benutzten Zitzen frei und bildeten sich zurück. Die Milchproduktion wurde an diesen nicht mehr benötigten Zitzen eingestellt (FELTMANN-V. SCHROEDER).

Abgesehen vom Kampf um die Zitzen geht es bei Hundewelpen in einem Wurf in den ersten vierzehn Tagen sehr ruhig und harmonisch zu.

Die Welpen liegen je nach Außentemperatur bei Kälte dicht gedrängt übereinander, wobei die Kehle des einen Hundes über den Hals des anderen gelegt wird. Ist es sehr warm, so liegen die Kleinen nebeneinander, aber immer mit Körperkontakt, meistens Rücken an Rücken oder auch halb aufeinander. Dieses Kontaktliegen im vegetativen Stadium ist der Beginn der Entwicklung für soziales Verhalten und somit auch für eine gesunde psychische Entfaltung der Welpen.

Welpe und Mutterhündin im vegetativen Stadium

Die Kontaktaufnahmen der Welpen mit der Mutter wirken in diesem Entwicklungsstadium eher passiv, denn ihre Ausdrucksmöglichkeiten sind noch sehr eingeschränkt. Solange die Neugeborenen ausreichend satt und entsprechend ihren Wärmebedürfnissen zufriedengestellt sind, verhalten sie sich ruhig und bekunden ihr Wohlbehagen mit dunklen, wohlklingenden Lauten.

Fühlen sie sich nicht wohl – werden sie z. B. von der Mutter gedrückt oder befinden sie sich in einer unangenehmen Lage –, so geben sie dies aktiv mit lautem Fiepen bekannt. Es läßt die Mutter wie elektrisiert hochschnellen oder herankommen, um das Problem sofort zu regeln.

Ist ein Junges beispielsweise aus dem Nest gefallen, faßt die Hündin es mit ihrem Fang ganz vorsichtig. Entweder greift sie es um den Bauch herum oder im Nacken. Wie sie es trägt, hängt offensichtlich von dem Gewicht und der Festigkeit des Bindegewebes der Welpen ab. Je mehr lockeres Bindegewebe vorhanden ist, desto eher nimmt eine Hündin die Welpen im Nacken. Wird ein Welpe so getragen, fällt er in die »Tragestarre«. Das bedeutet, daß er die Muskeln entspannt und wie leblos im Fang der Mutter hängt. Dabei gibt er keinen Laut von sich.

Auf diese Weise können die Welpen lautlos von einem Ort zum anderen transportiert werden, ohne einen *Feind* auf die Jungen aufmerksam zu machen. Hier wird deutlich angeborenes, also genetisch fixiertes Verhalten gezeigt. Die Tragestarre konnte ich bei meinen Welpen bis zur fünften Lebenswoche beobachten. Später entspannten sie sich nicht mehr. Biologisch gesehen ist es auch nicht mehr nötig, Welpen zu tragen, wenn sie sicher laufen können.

Welpe und Welpe im Stadium des Erwachens

Das Stadium des Erwachens beginnt etwa am vierzehnten Lebenstag und ist bereits nach einundzwanzig Lebenstagen wieder beendet. Erwachen bedeutet, daß der Teil der Sinnesorgane, der bis dahin nicht oder noch nicht voll funktionstüchtig war, wie die Augen und die Ohren, jetzt allmählich einsatzfähig wird. Wie dieser Prozeß vor sich geht, haben wir weiter oben schon erfahren.

Entsprechend der Fähigkeit, auf Umweltreize zu reagieren, erweiterte sich der Aktionskreis meiner Welpen zusehends. Da sie jetzt motorisch in der Lage waren, sich nicht mehr pendelnd in Schlangenlinien zu bewegen, sondern geradeaus zu laufen, verließen sie häufiger ihren Schlafplatz. Oft versäuberten sie sich bereits selbständig ohne den Leckreiz der Mutter um die Analgegend.

Aus dem oben beschriebenen »Kontaktliegen« entstanden nun langsam aktive, soziale Kontaktaufnahmen – sowohl zwischen den Welpen untereinander als auch mit der Mutterhündin. Sie begannen, sich gegenseitig zu beschnuppern, nahmen zart die Pfoten des anderen in den Fang oder faßten den Fang des anderen mit dem eigenen. Dabei lagen sie meist seitlich, manchmal auch auf dem Rücken. Es sah alles sehr friedlich und »wohlig« aus.

Welpe und Mutterhündin im Stadium des Erwachens

Betrat die Mutterhündin die Wurfkiste, zeigten die Kleinen nicht mehr nur eine bestimmte Unruhe, sondern nahmen aktiv Kontakt mit der Mutter auf. Ich konnte beobachten, wie einzelne Welpen begannen, den Fang der Hündin intensiv zu beschnuppern. Nach ein paar Tagen folgte nach solch einer intensiven Geruchsuntersuchung ein Ablecken des mütterlichen Fanges. Ich vermute, daß das Beschnuppern und Ablecken des mütterlichen Fanges der Ursprung für außerordentlich wichtige, soziale Verhaltensweisen ist: Es handelt sich um die Entwicklung der Begrüßungsgesten, aus denen sich die Beschwichtigungsgesten und zum Teil die Demutsgesten ableiten lassen. Damit befinden wir uns bereits am Anfang des nächsten Entwicklungsstadiums.

Welpe und Welpe im Stadium der Eroberung der Umwelt

Zu Beginn dieses Stadiums der Eroberung der Umwelt eröffnet sich für die Welpen eine ungeahnte Vielfalt von Umwelteindrücken. Die äußeren Reize, die über alle Sinnesorgane

gane immer differenzierter wahrgenommen werden können, ermöglichen ihnen, ihre Aktivitäten immer weiter in die Umwelt zu verlegen, denn auch die motorischen Fähigkeiten werden immer feiner aufeinander abgestimmt.

Die Umwelt wird über die vielfältigen Aktionen vom Welpen selbst aktiv erobert. Auch vorher haben die Welpen ihre Umwelt erlebt. Dabei konnten sie jedoch nur das erfahren, was von außen an sie herantrat, denn ihr Aktionsradius war aus obengenannten Gründen noch sehr eingeschränkt. Jetzt wird es ihnen möglich, ihre Umwelt selbst zu erforschen. Dabei müssen sie einerseits lernen, sozusagen den »technischen Bereich« des Lebens zu erfassen. Andererseits muß der soziale Bereich des Lebens erfahren und bewältigt werden. Sie müssen lernen, das Zusammenleben mit den Geschwistern, der Mutter und, wenn vorhanden, mit den anderen Artgenossen zu meistern. Zu guter Letzt soll auch noch der Mensch integriert werden, der natürlich eine wesentliche Rolle im sozialen Leben eines Haushundes spielt.

In dieser Zeit entwickeln die Welpen eine Art Gemeinschaftssinn. Entdeckte einer meiner Welpen etwas Neues und interessierte sich dafür, so dauerte es nicht lange, bis die anderen ebenfalls neugierig das Unbekannte mit untersuchten. Es war eine Zeit, in der die Welpen alle Unternehmungen gemeinsam ausführten. Es spielte dabei keine Rolle, ob die Mutter kam, oder ob es sich um ein großes Stück Beute oder um ein Spielzeug handelte. Kaum hatte einer eine Entdeckung gemacht, waren in Windeseile alle anderen auch da, um daran teilzunehmen.

Die gleichen Beobachtungen

Gemeinsam untersucht man das suspekte »Naß«: Irish-Terrier-Welpen. (Foto: G. Grüner)

Gemeinsam beschäftigen sich die sieben Wochen alten Schäferhunde mit der Beute.

konnte ich auch machen, wenn die Kleinen Angst vor einer Gefahr hatten. Ein Welpe nahm z.B. ein ihm unbekanntes Geräusch wahr und ängstigte sich. Laut schreiend suchte er in offener Flucht einen geschützten, nach Möglichkeit höhlenähnlichen Ort auf. Ebenso schnell folgten die anderen in Sicherheit, obgleich sie das Geräusch zunächst noch gar nicht wahrgenommen hatten. War die vermeintliche Gefahr vorbei, verließen sie nacheinander, vorsichtig spähend, das Versteck. Sie gingen sozusagen gemeinsam durch »dick und dünn«.

Das Zusammenleben der Welpen wirkte sehr friedlich. Während des Fressens war noch keine Konkurrenz zu erkennen: Gab ich den Welpen ein großes Stück Fleisch oder Pansen zu fressen, beschäftigten sie sich alle gemeinsam mit dem Futter. Sie zogen und zerrten an der Beute, aber immer ohne Aggression. Alles sah nach gemeinsamem friedlichem Spiel aus.

Um einen Welpen einzeln streicheln zu können, nahm ich ihn aus der Gemeinschaft heraus, so daß mir die anderen nicht folgen konnten. Dabei fühlte sich der einzelne Welpe sehr unglücklich, da ihm seine Spielgefährten fehlten.

Der Körperkontakt unter den Welpen war noch sehr eng. Die kleinen Hunde schliefen immer zusammen an einem Ort. Wachten sie auf, leckten sie einander vorwiegend an den Ohren oder dem Fang. Oft kauten sie zart gegenseitig an den Pfoten. Manchmal balgten sie sich auch, aber nie grob, so daß sich keiner der Welpen ernsthaft wehren mußte.

Ab der sechsten Lebenswoche allerdings änderten sich die Spiele. Jetzt

Im Spiel »überfällt« plötzlich ein junger Border-Terrier den anderen. (Foto: G. Grüner)

nahm man manchmal Anlauf, um ein Geschwisterchen zu überfallen. Man sprang darauf, warf es um und hielt den Überfallenen fest, wenn er entkommen wollte. Es kam öfter vor, daß ein Welpe bei diesen Spielen grober wurde und der traktierte Welpe lauthals klagte. Wurde das Geschrei zu groß, ließ der Angreifer ab.

Vielleicht wird in diesem Zusammenhang eine »Beißhemmung« gelernt, die in späteren Auseinandersetzungen, wirkungsvoll eingesetzt, Verletzungen verhindert.

Ich wurde in meiner Jugend Zeugin eines Vorfalles, bei dem die Beißhemmung offensichtlich nicht klappte. Ein Airedale-Rüde und ein etwa gleich großer Mischlingsrüde waren in einen Garten gesprungen, in dem ein Chow-Chow-Rüde lebte. Rigoros kämpften die beiden Eindringlinge den bald wehrlosen Hund zu Boden und begannen hemmungslos, ihn bei lebendigem Leib aufzufressen. Die beiden Hunde ließen sich auch nicht von zu Hilfe kommenden Menschen stören. Erst mit massiver Gewalt konnte diesem grausamen Spiel ein Ende gesetzt werden, das der Chow-Chow nicht überlebte.

Die Beute, so schien es, bekam offenbar einen immer höheren Stellenwert. Fand ein Welpe freßbare Beute, so versuchte er, ein ruhiges Plätzchen zu finden, um den Genuß für sich alleine zu haben. Es war oft schwer, sich heimlich davonzustehlen, da die anderen Hunde sehr aufmerksam waren.

Hatte ein junger Hund tatsächlich einen Platz zum Fressen gefunden und wurde, während er fraß, entdeckt, so begann er seine Beute deutlich zu verteidigen. Er knurrte, zog die Lefzen hoch und, wenn dies alles nicht zur Einschüchterung des anderen half, schnappte er sogar. Manches Mal versuchte der Welpe, mit seiner Beute zu fliehen. Dies tat er aber in der

Regel nur dann, wenn er noch nicht mit dem Fressen begonnen hatte.

Fand ein Welpe dagegen eine Spielzeugbeute, so suchte er geradezu die anderen auf, um sie damit zur Verfolgung zu animieren.

Nach der siebten Lebenswoche wurden aus den zunächst freundschaftlichen Balgereien immer häufiger laute Kämpfe. Da wurde überfallen, geknurrt, geklagt, die Zähne gezeigt und manchmal geschnappt. Kam ein Überfallener frei, so floh er. Paßte der Angreifer nicht auf, konnte sich blitzschnell die Situation ändern. Jetzt wurde der Angreifer vom eben Angegriffenen überfallen.

Auch bei der gemeinsamen Fütterung, die bis zur siebten Lebenswoche immer friedlich verlief, wurden nun neue Verhaltenstendenzen sichtbar. Ein sich psychisch stark fühlender Welpe begann, das Futter gegen die anderen zu verteidigen. Dabei fiel auf, daß einige Welpen nie das Futter verteidigten, andere dagegen häufiger, jedoch nicht immer.

Es ist nicht immer leicht, ein ruhiges Plätzchen zu finden: Bearded-Collie, 7 Wochen.

Ab der achten Lebenswoche zeichneten sich Ansätze ab, die die Entwicklung einer Rangordnung erkennen ließen. Bei meinen Hunden gab es bis zu diesem Zeitpunkt noch keine eindeutige soziale Ordnung. Überlegenheit und Unterlegenheit wechselten sehr häufig.

Es ist an dieser Stelle zu bemerken, daß die Beobachtungen, die die Verständigung der Welpen untereinander betreffen, an Bearded Collies gemacht wurden, also an Hütehunden, die insgesamt als friedfertig gelten.

Bei einem Wurf Rottweiler konnte ich beobachten, daß die Welpen bereits Abwehrkämpfe in der Wurfkiste im Alter von vier Wochen durchführten. Ausgelöst wurde die Aggression immer dann, wenn sich ein Welpe beim Schlafen von einem anderen gestört fühlte. Mit Knurren, Zähnefletschen und Schnappen wurde der Störenfried zurechtgewiesen.

Es gibt mit Sicherheit noch mehr Rassen, deren Aggressionsverhalten schon viel eher in Erscheinung tritt als bei Hütehunden. Ebenso gibt es Rassen, die in diesem Alter überhaupt keine Aggression zeigen. In allen Fällen lagen und liegen die Zuchtziele anders als bei Hütehunden, so daß sich die Unterschiede in der Entwicklung der Welpen über die Zuchtauslese erklären lassen, die der Mensch gezielt durchgeführt hat.

Je älter die Welpen wurden, desto feiner wurde auch das Ausdrucksverhalten bei ihren Spielkämpfen aufeinander abgestimmt. Abwechselnd imponierten sie oder zeigten Drohgebärden, wobei sie die Lefzen hochzogen, drohend knurrten und schnappten. Sie griffen an, bissen sich scheinbar in die Kehle, und je nachdem zeigten sie Überlegenheit oder Unterlegenheit. Am ehesten konnte ich ernsthafte Auseinandersetzungen erkennen, wenn es um die Verteidigung von wirklich Freßbarem, also echter Beute ging. Andernfalls waren die Kämpfe durch Übermut, Provokation und ausgelassene Lebensfreude gekennzeichnet.

Das andere Spiel, das ohne Ende durchgeführt wurde, war das Verfolgungsspiel. Die Hunde jagten sich gegenseitig in ungeheurer Geschwindigkeit. Wehe dem Hundeführer, der nicht schnell genug den Weg für die sich verfolgenden Hunde freimachte. Er war hoffnungslos verloren. Ich sah nicht nur einmal solch einen armen Hundebesitzer dem Ansturm der jagenden Hunde nicht gewachsen und hinfallen.

Verfolgen wir die Entwicklung des Fluchtverhaltens, so wird aus der offenen Flucht zunehmend eine auf die Gefahr abgestimmte Flucht. Ein Hund würde sich psychisch und auch körperlich vollkommen verausgaben, wollte er bei furchteinflößenden Reizen jedesmal sofort panikartig fliehen.

Hielt ein Welpe eine Situation für bedrohlich, so stutzte er zunächst und verharrte. Fühlte er sich weiter bedroht, zeigte er *Meideverhalten*, eine Vorstufe der Flucht. Dabei ließ er die Rute hängen oder klemmte sie zwischen die Hinterläufe und stellte die Haare im Nacken auf. Allmählich legte er die Ohren flach nach hinten an den Kopf und begann, die Augen halb zu schließen. Schließlich wandte er den Kopf auch noch zur Seite. Wurde die Gefahr noch bedrohlicher, versuchte er, in offener Flucht zu entkommen.

Oft wurden auch nur Teile dieser Verhaltensweisen gezeigt. Dies hing von der Situation und auch von der psychischen Verfassung ab, in der sich der Welpe gerade befand.

Die Vorstufe zur Flucht ist das Meideverhalten. (Schäferhund, 4 Monate; Chow-Chow, 2 Jahre).

Im Stadium der Eroberung der Umwelt werden angeborene Verhaltensweisen, wie wir am Beispiel der Drohgebärden, der Kampfspiele und des Fluchtverhaltens beobachten konnten, in ihrem Ausdruck immer feiner abgestuft und auf die entsprechenden Umweltreize abgestimmt.

Rufen wir uns die Abfolge der Drohgebärden bei meiner Mutterhündin noch einmal ins Gedächtnis zurück, so erkennen wir eindeutig, wie ein erwachsener Hund Schritt für Schritt seine Drohgesten einem Welpen zeigt, immer nach dem Motto: »So wenig wie möglich, so viel wie nötig.«

Das angeborene Verhaltensinventar, das ein Welpe als »Handwerkszeug« für die Bewältigung seines Lebens sozusagen mitbekommen hat, muß in dieser Zeit seiner Entwicklung geschult, trainiert, differenziert und praktiziert werden. Daher darf ein Welpe in diesem Stadium niemals isoliert gehalten werden.

Welpe und Mutterhündin im Stadium der Eroberung der Umwelt

Wie wir schon im Stadium des Erwachens beobachten konnten, begannen die Welpen immer häufiger, aktiv Körperkontakt zu der Mutterhündin aufzunehmen. Besonders aktiv wurden sie bei der Rückkehr der Mutter zum Nest, später zu dem Raum, in dem sich die Welpen aufhielten. Die Hündin wurde freudig angewedelt und ihr Fang zielstrebig beschnuppert. Oft begannen sie ihre Lefzen abzulecken. Manchmal ließ sich sogar in ihren Barthaaren noch ein kleiner Futterrest finden. Auf diese Weise, so meine ich, erfuhren die jungen Hunde, was in Zukunft ihre Nahrung sein würde. Sie lernten über die Geruchs- bzw. Geschmackseindrücke, die sie an ihrer Mutter wahrnehmen konnten, was als Nahrung in Frage kommt, bzw. welche Gerüche »das ist freßbar« bedeuten.

Der Züchter sollte schon in dieser Zeit dafür sorgen, seine Zuchthündin sehr abwechslungsreich zu füttern, damit sich die Jungtiere später nicht nur auf eine bestimmte Nahrung spezialisieren.

Diese Futtererfahrungen schließen jedoch nicht aus, daß sich Welpen für alles, was nach Aas riecht, interessieren, es aufnehmen und zu fressen versuchen. Hierher gehört auch das »Kotfressen«, das Hündinnen ausgeprägter zeigen als Rüden, wobei der arteigene Kot nicht aufgenommen wird. Fressen Hunde ihre eigenen Exkremente, so liegen psychische und oft auch physische Störungen vor, die im allgemeinen erfolgreich therapiert werden können.

Wie wir gesehen haben, dienen die ersten aktiven Kontaktaufnahmen der Welpen mit der Mutter zunächst sehr eigennützigen Interessen. Beim Erscheinen der Mutter werden die Welpen deshalb so aktiv, weil die »Nahrungsquelle« kommt. Bald ist die Mutter, war sie für einige Zeit von den jungen Hunden entfernt, nicht mehr *nur* Nahrungsquelle. Jetzt sind es die Gerüche, die die Mutter von draußen mitbringt und die die Welpen zu größter Aktivität anregen. Positiv gestimmt wird die Mutter nach ihrer Abwesenheit herzlich bewedelt und dabei hauptsächlich am Fang intensiv berochen.

Die Hündin ihrerseits betritt das Nest und untersucht aufmerksam jeden einzelnen Welpen und putzt ihn, wenn nötig. Falls sich ein Welpe in ihrer Abwesenheit versäubert hat, leckt sie alles sauber und legt sich dann zu den Jungen. Sind ihr die Welpen zu aktiv, verläßt sie diese nach kurzer Zeit wieder.

Wir wollen unser Augenmerk nun besonders der Kontaktaufnahme widmen, die die Welpen der Mutter bei ihrer Rückkehr zeigen. Je älter meine Welpen wurden, desto deutlicher wurde die Begrüßung zu einer Zeremonie. Der Fang der Mutter wurde nun nicht mehr nur berochen, sondern auch mit der Schnauze angestupst und häufig geleckt. Dabei wedelten die Welpen aufgeregt mit dem Schwanz. Manchmal hob ein Welpe sein Vorderpfötchen und versuchte, die Mutter damit zu berühren.

Diese für die *grüßende* Kontaktaufnahme mit der Mutterhündin ausgeführte Handlung ähnelte sehr dem Bewegungsablauf, den Welpen in den ersten Lebenstagen beim Trinken an den mütterlichen Zitzen ausführten. Die Begrüßungszeremonien begannen der Mutter manchmal lästig zu werden, zumal sich ein paar Welpen bereits mit Trinkversuchen an ihrem Gesäuge beschäftigten. Manchmal reagierte sie darauf mit einem unwilligen Knurren, ging ein Stückchen weg und erbrach ihr Futter für die Welpen. Damit war sie ihre Quälgeister los, denn jetzt befaßten sie sich mit der Aufnahme des Futters.

Oft reagierte die Hündin auf übermäßige Begrüßungszeremonien, indem sie ihre Autorität zeigte. Während ein Welpe sie anwedelte, stupste und leckte, zeigte sie plötzlich ihre Zähne und »rümpfte« die Nase. Blieb dieses Zeichen wirkungslos, fügte sie ein leises Knurren hinzu.

Der Welpe wurde damit in seinen Begrüßungsbeteuerungen, die mit Futterhoffnungen verbunden waren, etwas vorsichtiger. Sein freudiges Schwanzwedeln erstarb, es wurde nur noch die Schwanzspitze zwischen den Hinterläufen ein wenig bewegt. Die Zunge leckte zwar noch, aber nur noch symbolisch, da der Welpe langsam in sich »zusammenfiel«.

Manchmal, wenn die Mutter ihre Drohgebärden einstellte, faßte er wieder Mut, richtete sich auf und versuchte erneut, den Fang der Mutter zu lecken. Jetzt wurde es ihr zuviel. Sie stellte das Zähnezeigen und Knurren ein und schnappte statt dessen scheinbar nach dem lästigen »Kind«. Enttäuscht rutschte der Welpe nun ganz auf den Bauch und blieb geradezu erstarrt dort liegen. Je nachdem, wie nachdrücklich sich die Mutter in ihren Drohungen zeigte, behielt der Welpe seinen Kopf, mit flach nach hinten angelegten Ohren, noch nach vorne zur Mutter gerichtet. Im äußersten Fall wendete er den Kopf auch noch zur Seite, etwa mit dem Ausdruck: »Ich habe dich ja verstanden und will dich auch nicht mehr herausfordern.«

Nun reagierte die Mutter unterschiedlich, je nach Stimmung: Entweder ließ sie den Welpen so liegen und ging weg, ohne sich noch einmal umzusehen, oder sie beschnupperte ihren Welpen. Dabei wurde ihr Brutverhalten ausgelöst, und sie begann, ihn in der Analgegend zu beriechen und dann zu lecken.

Der kleine Hund erkannte die Chance sofort und ließ sich auf den Rücken drehen; in der gleichen Weise, wie wir dies schon bei den Stupsspielen der Mutter mit ihren Welpen kennenlernen konnten. Je älter die Welpen wurden, desto häufiger drehten sie sich selbst auf den Rücken.

So entwickelt sich aus dem *»Fangberiechen«* die freudige *Begrüßungszeremonie.* Daraus entsteht, wenn die Mutterhündin nicht positiv darauf eingeht, die »enttäuschte Begrüßung«, die wir *»Beschwichtigung«* nennen. Läßt sich die Mutterhündin darauf ein, den Welpen zu beriechen, kann die Beschwichtigungsgeste in die *»Demutsgeste«* übergehen. Wir erkennen sie, wenn sich ein Welpe auf den Rücken legt und sich die Analgegend beriechen und belecken läßt.

Die Demutsgeste scheint sich, nach meinen Beobachtungen, jedoch nicht nur aus der Beschwichtigung zu entwickeln, sondern sie ist häufig schon beim Spiel mit der Mutter gelernt worden. Den Ursprung für diese Rückenlage finden wir bereits in den ersten Lebenstagen, und zwar immer dann, wenn die Mutter den Welpen zum »Putzlecken« in die Rückenlage dreht. Damit kann sie ihn leichter lecken und zum sich lösen animieren.

Im Gegensatz zur allgemeinen Lehrmeinung sind – wie wir feststellen können – die *Beschwichtigungsgeste* und die *Demutsgeste* nicht angeboren, sondern erlernt. Sie werden als Reaktion auf mütterliches Verhalten gezeigt. Das *Schwanzwedeln* als freundliche Geste zur Begrüßung sieht aus, als sei es angeboren.

Alle beschriebenen sozialen Verhaltensweisen müssen jedoch nicht immer in ihrer Gesamtheit gezeigt werden. Die Begrüßungsgesten werden nur noch manches Mal in die Beschwichtigung einmünden, so wie die Demutsgeste nicht immer der Beschwichtigung folgt. Diese Verhaltensweisen verselbständigen sich häufig und treten dann auch unabhängig voneinander auf.

Die jungen Hunde lernen in dieser Zeit zusätzlich noch, mit ihrem Ausdrucksverhalten »sparsam« umzugehen. Sie erlangen damit die Fähigkeit, je nach der Bewertung einer Situation

Die Begrüßung: Der Welpe lernt die innerartliche Verständigung richtig zu gebrauchen (Border-Collie, 4 Monate; Schäferhündin, 7 Jahre).

Die Begrüßung wird lästig. Es wird die Nase »gerümpft«. Der kleine Border-Collie beschwichtigt.

gelernt sind, für äußerst aufschlußreich und wichtig. Von noch größerer Bedeutung ist es, daß diese Gesten, richtig angewendet, von den anderen Artgenossen auch verstanden werden. Hier zeigt sich das genetisch fixierte Verhaltensinventar eines Hundes: Es stellt soziale Ausdrucksformen zur Verfügung, die der junge Hund in den *ersten* Wochen des Stadiums der Eroberung der Umwelt üben und differenzieren muß, um sie später den entsprechenden Situationen anpassen zu können.

Weiterhin sind Lerndispositionen vorgegeben, die es ermöglichen, soziale Verhaltensweisen zu erlernen. Hierbei handelt es sich vor allen Dingen um Ausdrucksformen, die der Zuwendung dienen oder die zumindest den Partner positiv stimmen, ihn »bei guter Laune« halten sollen.

Im weiteren Verlauf dieses Entwicklungsstadiums üben die Welpen im unaufhörlichen Spiel soziale Ver-

ganz gezielt, mit genau abgewogenen Reaktionen, auf den Partner einzugehen.

Ich halte die Erkenntnis, welche dieser Gesten angeboren und welche

Die Situation spitzt sich zu. Es wird weiter beschwichtigt.

Jetzt sieht es der kleine Border-Collie ein! Nun erstirbt die Beschwichtigung, nur noch die Zunge ist aktiv.

Der kleine Border-Collie ist auf den Bauch gerutscht. Er könnte sich nun noch auf den Rücken drehen (Demutsgeste) und somit versuchen, den großen Schäferhund wenigstens zum »Bauchlecken« zu animieren.

haltensweisen geradezu bis zur Perfektion.

Um diese Leistung erbringen zu können, braucht der Welpe ein »Gegenüber«, einen Partner. An diesen

wird nur eine einzige Bedingung gestellt: Er muß ebenfalls in dem bezeichneten Entwicklungsabschnitt die Möglichkeit gehabt haben, soziales Verhalten zu erlernen, zu differenzieren und fein abzustimmen. Nur wenn er die Ausdrucksformen beherrscht, ist eine normale innerartliche Verständigung möglich.

Hat also ein Hund in dieser genetisch festgelegten Zeit die sozialen Verhaltensweisen nicht oder nicht richtig gelernt, so wird er für einen Welpen ein schlechter Partner sein. Der junge Hund seinerseits wird wiederum Falsches lernen. Somit wird er soziales Fehlverhalten zeigen und an den nächsten Hund weitergeben. Damit schließt sich der Teufelskreis!

Sind sich Züchter und Hundehalter der schwerwiegenden Folgen bewußt, wenn sie ihre jungen Hunde in diesem Entwicklungsstadium in Zwingern isolieren und somit in Einzelhaft halten?

Fassen wir noch einmal die Interaktionen zusammen, die die Mutterhündin für die »Erziehung« der Welpen anwendet. Wir erkennen, daß die Natur ein regelrechtes »Sparprogramm« entwickelt hat.

Eine Mutterhündin wendet offensichtlich nur eine einzige »Erziehungsmaßnahme« an. Sie lehrt die Welpen: »Haltet Abstand und respektiert den überlegenen Artgenossen!«

Dazu benötigt die Mutter Verhaltensweisen, die für den anderen bedrohlich wirken, sie wendet fein abgestimmte Drohgebärden an. Die Welpen ihrerseits lernen Verhaltensweisen, die der Mutter zeigen, daß sie verstanden haben. Dies drücken sie über die Beschwichtigungs- und Demutsgesten aus.

Ist ein Welpe »schwer von Begriff« bzw. sehr hartnäckig in der Provokation der Mutter, was sehr selten vorkommt, weist sie ihn scheinbar tätlich zurecht: Sie schnappt nach ihm, ohne ihn zu berühren, oder bleibt bedrohlich über ihm stehen.

Niemals konnte ich erleben, weder bei meinen eigenen heranwachsenden Welpen noch bei den in meiner Studie beobachteten Welpen, daß eine Mutterhündin einen Welpen je im Genick packte und schüttelte, um ihn zurechtzuweisen. Auch bei anderen erwachsenen Hunden, die ich im Umgang mit Welpen und jungen Hunden beobachtete, konnte ich *nie* ein »Genickschütteln« beobachten, um Autorität zu zeigen.

Es kam vor, daß ein erwachsener Hund die Geste des Abschnappens mit Nachdruck versah und sich so über den rangniedrigen Hund stellte, daß dieser nicht mehr wagte, den Kopf zu heben. Tat er es doch, wurde das Abschnappen symbolisch wiederholt. Jetzt behielt der überlegene Hund seinen Kopf starr über dem des Unterlegenen. So brauchte er nicht mehr zu schnappen, sondern mußte nur noch knurren. In sehr vielen Hundeschulen, Erziehungskursen und Erziehungsbüchern für Hunde wird die Meinung verbreitet, die Mutterhündin erziehe ihre Jungen mit Abschütteln im Genick. Daraus wird dann der Schluß gezogen und die Berechtigung für den Menschen abgeleitet, den Hund über das Abschütteln im Genick zu erziehen. Hier liegt für meinen Begriff ein schweres Mißverständnis vor, das ich an einem Beispiel erläutern möchte.

Ein fünfjähriger Rauhhaardackelrüde sah einen ebenso alten Schäferhundrüden und stürmte auf diesen zu. Der Schäferhund nahm sich gar nicht die Zeit, diesen Dackel, wie es sich unter Hunden »gehört«, zu beschnuppern, sondern packte ihn im Genick, schüttelte ihn und ließ ihn wieder los. Schwer verletzt blieb der Dackel liegen. Der Schäferhund verließ den Ort, als sei nichts geschehen.

Was war hier passiert? Ich vermute, der Dackel löste mit seinen schnellen Bewegungen bei dem Schäferhund Beute- statt Sozialverhalten aus, so daß dieser den Dackel wie ein wehrhaftes, kleines Raubwild behandelte.

Fängt nämlich ein Hund ein Beutetier, so packt er es im Nacken, wenn es nicht zu groß ist, schüttelt es und bricht ihm damit das Genick. Er führt diese Handlung mit dem Ziel aus, es zu töten.

Bei den *sozialen* Interaktionen der Hunde steht daher *Abschütteln* nicht auf dem Programm. Es gibt im Verhaltensinventar einer Hündin, wie wir gesehen haben, sehr wohl ein Fassen der Welpen im Genick. Dies hat jedoch nur die Funktion, den Welpen von einem Ort zum anderen zu transportieren. Es ist auf keinen Fall eine Erziehungsmaßnahme!

Das Abschütteln eines Objektes gehört in den Bereich des Beuteverhaltens und wird bei einem psychisch gesunden, gut sozialisierten Hund auch nur dort angewendet. Dies schließt natürlich nicht aus, wie wir am Beispiel des Chow-Chows und des Dackels erfahren konnten, daß Hunde soziale Fehler machen können. Wir Menschen allerdings sollten unsererseits nicht die *Fehlleistungen* eines Hundes als *Normalverhalten* ansehen und damit falsch interpretieren!

Welpe und Welpe im Stadium des Umgangs mit der Umwelt

Im Stadium des Umgangs mit der Umwelt erleben wir, wie der junge Hund, nachdem er seine Umgebung erforscht und die sozialen Verhaltensweisen gelernt und trainiert hat, mit dem Erlernten umgeht.

Die Umwelt flößt ihm keine Furcht mehr ein. Jetzt geht er mutig auf das Unbekannte zu, verbellt es oft vorsichtshalber noch, um seiner Stärke Nachdruck zu verleihen, und untersucht es.

Hat er die Möglichkeit, Haus und Hof zu verlassen, wird er es jetzt tun. Hat er sie nicht, wird er sich eine Möglichkeit verschaffen. Er muß schließlich seiner Umgebung zeigen, wer er ist. Er muß sich den *anderen* vorstellen. Außerdem gibt es auch eine Menge zu inspizieren. Hier liegt der Ursprung für das Streunen eines Hundes, das seine Selbstsicherheit dokumentiert und zugleich hilft, sein Revier zu vergrößern.

Konzentrierten sich die Aktivitäten in den ersten drei Lebensabschnitten eines Welpen und Junghundes besonders auf gegenseitige Interaktionen, so verschieben sie sich jetzt mehr auf den Bereich des Nahrungserwerbs. Offensichtlich liegt im Erbgut eines Hundes noch nicht die Information vor, daß der Nahrungserwerb von seinem Partner »Mensch« erledigt wird. Daher können wir im Verhaltensinventar unserer Hunde sehr viele Handlungsweisen erkennen, die darauf ausgelegt sind, zu jagen und Beute zu machen.

Hat sich der Hund in seiner Jugend mit dem Jagen von Schmetterlingen, Vögeln und fliegenden Blättern begnügt, verliert er in diesem Stadium allmählich das Interesse an solchen Fangobjekten. Jetzt wird sein Jagd- und Beuteverhalten deutlich auf ein realistisches Ziel gerichtet.

Wie oft hat der junge Hund das Jagen mit seinen Geschwistern und seinen Freunden geübt, wenn sie ihre endlosen Verfolgungsspiele durchführten. Wie oft hat er Spielzeug wie ein Beutetier behandelt und damit Verhaltensweisen geübt, die jetzt für das Fangen und Töten echter Beute wichtig werden.

Das Jagen der Beute

Das Jagdverhalten wird beim Hund zum einen von flüchtenden Objekten ausgelöst, zum anderen über die Fährten, die diese hinterlassen. Je nachdem wendet ein Hund die entsprechende Taktik an, um an die Beute zu kommen. Entweder er verfolgt sie hetzend, wenn er sie mit dem Auge wahrgenommen hat, oder er verfolgt die Fährte des Beuteobjektes mit tiefer Nase, bis er es gefunden hat und hetzen kann. Oft kombiniert er die beiden Methoden. Hat er z. B. die Beute aus seinem Gesichtsfeld verloren, sucht er mit tiefer Nase die Fährte und verfolgt sie auf diese Weise. Damit er Beute finden kann, durchstreift er im schnell trabenden Schritt mit halbhoher Nase das Gelände.

Das Fangen und Töten der Beute

Da sich die Beuteobjekte in der Größe unterscheiden, muß der Hund sein Verhalten auf diese Unterschiede einstellen.

Ist die Beute groß und wehrhaft, so muß er sie hetzen und zu Fall bringen. Manchmal faßt er sie am Hinterlauf, so daß sie hinfällt. Manchmal versucht er, sie an der Schulter zu pakken, um sie auf diese Weise zu stoppen und zu Fall zu bringen. Liegt die Beute, faßt er mit dem Fang die Kehle des Tieres und würgt es, bis es wehrlos ist und schließlich getötet ist.

Handelt es sich um kleinere Beutetiere wie Hasen oder Kaninchen, sieht der Verhaltensablauf folgendermaßen aus:

Bekommt der Hund die Wittrung eines Hasen in die Nase, bleibt er wie angewurzelt stehen. Er lokalisiert auf diese Weise den Standort der Beute. Hat er die Beute sicher geortet, folgt der »Einsprung«. Wir beobachten diesen Sprung häufig, wenn die Hunde sich für Mäuse interessieren und ihren »Mäuselsprung« ausführen. Ist der Hund erfolgreich, hält er die Beute mit den Vorderläufen fest und greift mit dem Fang danach. Hat er sie im Fang, schüttelt er sie kräftig ab, um sie zu töten. Ist die Beute freßbar, wird sie entweder an Ort und Stelle vertilgt oder nach Hause in sein Revier getragen. Scheint sie ihm ungenießbar zu sein, z. B. ein Marder, läßt er sie liegen. Häufig markiert er den Ort, an dem die Beute getötet wurde, mit Urin.

Dieses Jagd- und Beuteverhalten hat sich der Mensch zunutze gemacht. Er legte Wert auf einzelne Verhaltensmerkmale des Hundes und festigte diese genetisch durch gezielte Zuchtauswahl.

So zeigt der Vorstehhund das Erstarren des Körpers mit einem angewinkelten Vorderlauf beim Fixieren der Beute.

Bei bestimmten Retrieverarten ist das Heimtragen der Beute besonders gefestigt worden, das sich heute in ihrer Apportierfreude zeigt.

Bei Bracken wurde das ausdauernde Hetzen von Wild und das harte Zugreifen am Wild durch die Zucht gefestigt.

Beim Hütehund dagegen war hartes Greifen der Beute unerwünscht. So wählten die Züchter zur Zucht nur Hunde, die die Beute *nicht packten,* und erzielten damit, daß die zu hütenden Tiere unverletzt blieben.

Beim Schweißhund, der die Fährte des verwundeten Wildes mit tiefer Nase langsam und sorgfältig suchen soll, wurde besonders diese Fähigkeit züchterisch fixiert.

Ich habe diese Zuchtbeispiele gewählt, um zu zeigen, daß auch hier, wie wir bereits bei den sozialen Verhaltensweisen erfahren konnten, bestimmte Handlungen einzeln oder in kleinen Einheiten auftreten und über die Selektion genetisch fixiert werden konnten.

Im Stadium des Umgangs mit der Umwelt gewinnt das selbständige Jagen und Beutemachen hohe Bedeutung. Aber auch im Bereich des sozialen Verhaltens erkennen wir bei unseren jungen Hunden neue Gewichtungen.

Für den Rest der Nacht gehört das Bett mir!

In seinem Revier sorgt der heranwachsende Hund jetzt für Ordnung. Hatte er sich bisher vorbehaltlos über jeden Besuch in seinem Haus und Garten gefreut, ob Mensch oder Hund spielt keine Rolle, so verändert er nun sein Verhalten in diesen Situationen. Selbstsicher zeigt er oft über drohende Verhaltensweisen, daß in seinem Revier nicht mehr jeder Eintritt bekommt. Er beginnt also, sein Territorium zu verteidigen. Oft fängt er dies bereits im Haus, z.B. auf seinem Schlafplatz, an. Manchmal versucht er sogar, seine eigenen Familienmitglieder zurechtzuweisen, wenn sie sich seinem Schlafplatz nähern. Er fühlt sich stark und teilt dies dem anderen mit, so wie er es als Welpe selbst lernen mußte: »Halte Abstand!«

Ein Beispiel:

Eine Dogge durfte als junger Hund im Bett ihres Besitzers schlafen. Dazu forderte er sie auf, sobald er selbst im Bett lag. Brav legte sie sich an das Fußende ihres Herrchens. Als sie etwa sieben Monate alt war, erlebte der Doggenbesitzer erstmals eine böse Überraschung. Nachdem er in der Nacht kurz sein Bett verlassen hatte und müde wieder zurückkehrte, machte seine Dogge ihm sein Bett streitig. Sie knurrte ihn an, um ihm mitzuteilen, daß für den Rest der Nacht das Bett ihr alleine gehöre. Wagte er sich trotzdem an seine Ruhestätte, zeigte sie ihm noch die Zähne. So zog er es vor, im Wohnzimmer auf dem Sofa den Rest der Nacht zu verbringen. Er durfte nicht einmal seine Bettdecke mitnehmen. Diese Diskussion, wem nun das Bett zustehe, wenn es nachts kurzfristig verlassen wurde, hielt an. Es kam so weit, daß das Doggenherrchen in der Folge den zweiten Teil der Nacht im Wohnzimmer verbrachte.

In diesem Falle respektierte das Herrchen das Verhalten der Dogge, so daß es zu keinen weiteren Auseinandersetzungen kam. Da er abends immer vor seiner Dogge im Bett war, wurde es ihm zu diesem Zeitpunkt auch nicht streitig gemacht.

Wie wir an diesem Beispiel erkennen, belegt der Hund allmählich sein Revier mit Wertigkeiten. Er besitzt ein *Revier erster Ordnung.* Dazu zählt er seinen Schlaf- und Futterbereich. In das *Revier zweiter Ordnung* gehört im allgemeinen der Garten, manchmal auch noch die vorbeiführende Straße oder ein Teil des Dorfes. Entsprechend dieser Einteilung verteidigt er seine Reviere mehr oder weniger heftig. In seinem Schlaf- und Futterbereich zeigt er erheblich schneller und mit größerem Nachdruck: »Halte Abstand!« als in seinem Revier zweiter Ordnung. Dieses Verhaltensbeispiel zeigt deutlich, wie fein der Hund sein Verhalten abstufen kann.

Das Revier zweiter Ordnung wird vor allem von Rüden über Urinmarken geruchlich gekennzeichnet, obwohl dies auch bei Hündinnen zu beobachten ist.

Das soziale Verhalten außerhalb des eigenen Reviers bleibt freundschaftlich den Hunden gegenüber, die er als Welpe schon kennengelernt hat. Mit allen anderen Hunden muß erst Bekanntschaft geschlossen werden. Dies geschieht über intensives Beriechen von vorne und hinten.

Handelt es sich um einen erwachsenen, reifen, fremden Hund, wird sich der heranwachsende Hund unterwerfen. Sind die Hunde im gleichen Alter – das Geschlecht spielt noch keine Rolle –, werden sie alsbald Freundschaft schließen und Verfolgungsspiele beginnen.

Am Ende dieses Entwicklungsstadiums geschieht es häufiger, daß zwei Rüden beim Zusammentreffen in einem kurzen Kampf die Kräfte messen. Begegnen sich in dieser Altersstufe zwei Hündinnen, gehen sie sich statt sich auseinanderzusetzen lieber aus dem Weg.

Stoßen Hündin und Rüde aufeinander, so zeigen die Hündinnen dem männlichen Geschlecht mit Knurren und seitlichem Ausweichen, daß sie nicht beschnüffelt werden wollen, vor allem nicht am Hinterteil. Respektiert dies der Rüde nicht, muß ihn die Hündin abschnappen. Diese Sprache versteht er und unterläßt alsbald aufdringliches Beschnuppern.

Trotz der gezeigten Selbstsicherheit treten im Verlauf dieses Lebensabschnittes vor der Geschlechtsreife nochmals psychische Unsicherheiten auf. Situationen, die den Hund vorher unbeeindruckt ließen, lösen plötzlich ängstliche Reaktionen aus. Dem Artgenossen gegenüber zeigt er sich übermäßig unterwürfig, obwohl wir ihn vorher schon viel sicherer erlebt hatten. Auch dem Menschen gegenüber scheint er erheblich vorsichtiger als sonst zu sein.

In dieser Zeit spreche ich gerne von einer *zweiten* sensiblen Phase. Der junge Hund verhält sich plötzlich wieder wie zu Beginn des Stadiums der Eroberung der Umwelt, vorsichtig und ängstlich, manchmal sogar geradezu scheu. In diesem Lebensabschnitt, in dem wieder Unsicherheiten im Verhalten des Hundes auftreten, ist nochmals eine auffällig gesteigerte Lernbereitschaft zu erkennen.

Die Entwicklung im Stadium des Umgangs mit der Umwelt ist beendet, wenn der Hund die hormonelle Geschlechtsreife erreicht und sich das psychische Gleichgewicht wieder eingestellt hat. Mit der ersten Läufigkeit einer Hündin oder dem deutlichen Markierungsverhalten eines Rüden – ein Zeichen für die Geschlechtsreife – ist häufig die psychische Reife noch nicht voll entfaltet. Die psychische Reifung hinkt also der hormonellen Reifung nach. Dies scheint eine Begleiterscheinung der Entwicklung zum Haustier zu sein. Bei den Vorfahren unserer Hunde, den Wölfen, tritt die Geschlechtsreife erst mit etwa zwei Jahren ein, einer Zeit, in der auch die psychische Reife zur Vollendung gekommen ist.

Zusammenfassung

Im vegetativen Stadium verhalten sich die Welpen auf die Aktivitäten der Mutterhündin reaktiv. Die Reaktionen der Welpen beeinflussen wiederum das Brutverhalten der Mutter.

Bereits im **Stadium des Erwachens** beginnen aktive Kontaktaufnahmen der Welpen untereinander und mit ihrer Mutter. Hier liegt die Wurzel für das Ausdrucksverhalten positiver Zuwendung bzw. für freundlich stimulierende Gesten.

In den ersten Wochen des Stadiums der **Eroberung der Umwelt** bewältigen die Welpen ihre Umwelt zunächst ausschließlich gemeinsam. Allmählich stellen sich jedoch Verhaltensweisen ein, die den Individualabstand sichern. Kämpferische Kontaktspiele werden immer häufiger von Fangspielen abgelöst.

Ausdrucksformen der Flucht werden den äußeren Einwirkungen entsprechend abgestuft, so daß offene Flucht immer seltener wird.

Drohgebärden und Kampfhandlungsabläufe sind genetisch fixiert und werden in diesem Lebensabschnitt differenziert und auf die äußeren Reize fein abgestimmt.

Die Gesten der Beschwichtigung sollen den überlegenen Partner freundlich stimmen, die Gesten der Demut sollen ihn von negativer Zuwendung abhalten. Für diese Gesten liegt eine zeitlich begrenzte Lerndisposition vor. Sie können nur gelernt werden, wenn ein erwachsener Artgenosse, in der Regel die Mutterhündin, entsprechende »Gegenreize«, wie Knurren, Zähne zeigen und Abschnappen, bietet.

Alle Verhaltensabläufe müssen nicht als Ganzes gezeigt werden. Sie werden auf die äußeren Gegebenheiten abgestimmt und können auch einzeln auftreten.

Die Erziehungsmaßnahmen der Mutterhündin beschränken sich darauf, die Welpen zu lehren, Distanz zu halten. Damit erlernen sie, den Partner zu respektieren.

Welpen im Genick zu schütteln, ist ein soziales *Fehlverhalten* und gehört keinesfalls in den Bereich des Brutverhaltens.

Im Stadium des **Umgangs mit der Umwelt** werden alle bis dahin gelernten und trainierten Verhaltensweisen praktisch ausgeführt. Der junge Hund kann mit seiner »Umwelt« nun umgehen. Psychische Selbstsicherheit wird durch die Unabhängigkeit von Haus und Hof gezeigt. Der Hund verlagert seinen Aktionskreis deutlich nach außen. Jagd- und Beuteverhalten werden praktiziert und perfektioniert.

Im Laufe dieses Stadiums treten nochmals psychische Unsicherheiten vor allem im sozialen Verhaltensbereich auf, die im Widerspruch zur schon erworbenen Unabhängigkeit zu stehen scheinen.

Die sexuelle Reifung ist häufig früher erreicht als die psychische. Erst wenn sich auch das psychische Gleichgewicht eingestellt hat, ist der vierte und letzte Entwicklungsabschnitt des Hundes vollendet. Danach ist der Hund in seiner gesamten Persönlichkeit voll entwickelt.

Die Verständigung einer Hundefamilie mit anderen Hunden

Bisher haben wir die Entwicklung der Verhaltensweisen, die sich sowohl zwischen der Mutterhündin und den Welpen als auch zwischen den Welpengeschwistern abspielen, bis zur Geschlechtsreife verfolgt. Jetzt wollen wir untersuchen, wie sich erwachsene, psychisch reife Hunde mit Welpen arrangieren und weiterhin, wie Beziehungen zwischen fremden Welpen und zwischen Welpen mit fremden erwachsenen Artgenossen aufgebaut werden.

Für diese Beobachtungen standen mir meine eigenen Würfe und die bei mir lebenden Hunde zur Verfügung. Somit war mir die Möglichkeit gegeben, Vergleiche zu ziehen zwischen dem Verhalten der Welpen im Umgang mit meinen Hunden und dem Verhalten, das sie fremden Artgenossen gegenüber zeigten.

Im Gegensatz zu manchen anderen Rassen zeigte meine Bearded-Collie-Hündin ein ausgeglichenes, biologisch vollständiges Verhalten in der Betreuung ihrer Welpen. Sie wies weder Verhaltensdefizite auf, noch ließ sie übermäßige Brutfürsorge erkennen. Sie versorgte sicher und problemlos ihre Welpen, und sie war eindeutig in ihrem Verhalten.

Es steht außer Frage, daß die Hündinnen verschiedener Rassen sehr unterschiedliche Schwerpunkte in ihrem Brutverhalten zeigen. Es gibt Rassen, für die es keine Rolle spielt, ob es die eigenen Welpen oder die einer anderen Hündin sind. Alle Welpen werden angenommen und versorgt.

Es gibt aber auch Fälle, bei denen Hündinnen Welpen, die in ihrem Rudel geboren wurden, töteten, ihre eigenen Welpen jedoch vorzüglich großzogen. Dieses Verhalten ist uns aus dem Zusammenleben von Wölfen bekannt, die auf diese Weise *unerwünschte* Nachzucht eliminieren. Die Entscheidung für derartige Maßnahmen trifft die ranghöchste Wölfin.

Das Verhalten meiner Welpen zeigte in seiner Entwicklung ein ausgewogenes Gleichmaß und bildete daher eine gute Grundlage für meine Beobachtungen.

Wir finden auch in der Verhaltensentwicklung der Welpen verschiedener Rassen Extremwerte, z. B. im Ausdruck der Aggression. Die einen zeigen bereits im Alter von nur vier Wochen so ausgeprägte Aggression, daß der Züchter sie voneinander trennen muß, um gegenseitige Verletzungen zu vermeiden. Andere lassen im Alter von vier Monaten noch keine Aggression in ihrem Verhalten erkennen.

Ungeachtet dieser extremen Verhaltensweisen ließen die meisten der von mir beobachteten fremden Würfe eine ähnliche Entwicklung erkennen, die wenig oder gar nicht von der Verhaltensentwicklung meiner eigenen Hunde abwich. Aus diesem Grunde können wir annehmen, daß die von mir beschriebenen Beobachtungen den biologischen »Normalbereich« kennzeichnen. Bei domestizierten Haustieren ist es immer schwierig, einen Normalbereich zu finden, denn der Mensch züchtet so, wie es seinen augenblicklichen Wertvorstellungen entspricht. Im Laufe der Zeit verändert sich die Zielsetzung der Haustierzucht, und somit liegt das, was vor einigen Jahren oder Jahrzehnten noch normal war, heute nicht mehr im Normalbereich.

Das Verhalten der Mutterhündin fremden Welpen gegenüber

Als sie das Alter von acht Wochen erreicht hatten, gab ich meine Bearded-Welpen bis auf einen ab. Im Anschluß daran übernahm ich einen sieben Wochen alten weiblichen Schäferhund. Ich wollte erfahren, wie sich meine Hündin mit fremden jungen Hunden beschäftigt.

Die kleine Schäferhündin hatte bis dahin in einem Zwinger gelebt. Sie hatte also noch nicht viel Gelegenheit gehabt, die Umwelt kennenzulernen. Als sie vier Wochen alt war, wurden sie und ihre Geschwister von der Mutterhündin getrennt. Mit dieser Maßnahme möchte der Züchter eine schnellere Regeneration der Zuchthündin erzielen, da es im Verein für Deutsche Schäferhunde gestattet ist, eine Hündin zweimal im Jahr werfen zu lassen. Das bedeutet, daß eine Deutsche Schäferhündin bei jeder Läufigkeit gedeckt werden darf. Der Rüde darf, wenn er zur Zucht zugelassen ist, in einem Jahr sechzig Deckakte vollziehen! Dies sei jedoch nur nebenbei angemerkt.

Die Welpen konnten sich daher zu Beginn des wichtigen Stadiums der Eroberung der Umwelt nur mit sich selbst beschäftigen. Die Interaktionen mit der Mutterhündin fielen weg, und daher konnten die grundlegenden sozialen Erfahrungen überhaupt nicht gemacht werden.

Nach der Übernahme der jungen Hündin ließ ich ihr zunächst etwas Zeit, um sich in ihrer neuen Umgebung ohne die anderen Hunde zurechtzufinden.

Schließlich nahm ich sie zu meinen Hunden und setzte sie in die Wurfkiste, die meine Bearded-Welpen bis dahin bewohnt hatten. Dann ließ ich meine Bearded-Collie-Hündin in den Raum. Hocherfreut eilte sie in das Nest und begrüßte den Welpen.

Plötzlich entdeckte sie den Irrtum! Sie vertrieb blitzartig den Eindringling aus der Wurfkiste und stupste ihn grob bedrängend in eine Ecke. Dann legte sie sich vor die Kiste, peinlich darauf achtend, daß sich der Hund nicht rührte, der hier wohl kein Wohnrecht erhalten sollte.

Ich sah mir dies eine Weile an und holte den eingeschüchterten Welpen aus der Ecke, ohne meiner Hündin gegenüber irgendeine Stellung zu beziehen.

Am nächsten Morgen setzte ich den kleinen Welpen wieder in die Wurfkiste und ließ abermals die Hündin in den Raum. Dieses Mal täuschte sie sich nicht mehr. Zielstrebig beförderte sie den jungen Hund aus der Kiste, stupste ihn wieder in die Ecke, legte sich davor und hielt Wache. Die kleine Hündin lag regungslos. So verharrten die beiden Hunde mindestens eine viertel Stunde lang. Wieder befreite ich den Welpen, ohne zu meiner Hündin etwas zu sagen. Es ist auffallend, daß die Hündin den Kleinen nicht tätlich angriff, um ihn loszuwerden, sondern ihn offensichtlich psychisch »fertig machte«. Das Endergebnis wäre vielleicht das gleiche gewesen.

Beim dritten Versuch entschloß ich mich einzugreifen, und zwar genauso entschieden, wie dies die Hündin dem Welpen gegenüber tat. Die Handlung spielte sich genauso ab wie die beiden ersten Male. Nachdem die Hündin den kleinen Welpen wieder in die Ecke verbannt hatte und sich wachend davorlegte, griff ich sie unvermittelt im Fell am Nacken und Becken, hob sie hoch, nahm ihr so den Boden unter den Füßen weg und trug sie kurzerhand in die andere Ecke des Raumes. Dort legte ich sie wortlos ab.

Die völlig überraschte Hündin sah mich mit großen Augen an und verharrte nun ihrerseits regungslos in der Haltung, in der sie sich gerade befand. Nach einer Weile löste ich die angespannte Situation, indem ich freundlich sowohl mit dem Welpen als auch mit der Hündin sprach. Die kleine Schäferhündin kam zu mir, die Bearded-Collie-Hündin nahm dies zur Kenntnis, stand auf und ging. Seitdem gab es zwischen den beiden Hunden bis zur Geschlechtsreife des Welpen keine Auseinandersetzungen mehr. Von nun an wurde der kleine Hund wie ein zur Gemeinschaft gehörender Welpe behandelt.

Was trug zu dieser Verhaltensänderung meiner Hündin bei? Ich nehme an, daß sie den Ausdruck meines Verhaltens verstanden hatte und meinen Entschluß respektierte, diesen kleinen Hund in unsere Hundegemeinschaft mit einzubeziehen.

Sie beaufsichtigte nun die beiden nicht »zusammengehörenden« Welpen, den kleinen Beardie und die Schäferhündin, und übernahm die Betreuung, soweit dies überhaupt notwendig war. Sie lehrte die Schäferhündin »Halte Abstand!« und beteiligte sich hin und wieder an den Jagd- und Fangspielen, die die beiden jungen Hunde mit Begeisterung ausführten. Manchmal putzte und leckte sie die kleinen Hunde. Sie behandelte ihren eigenen Welpen und ihren Adoptiv-Welpen völlig gleich.

Die junge Schäferhündin lernte die Ausdrucksgebärden des erwachsenen Hundes zu verstehen und akzeptierte sie. Allerdings, das fiel mir immer wieder auf, benötigte sie häufigere und ausdrucksstärkere Zurechtweisungen als meine Bearded-Welpen, bis sie sich fügte. Das behielt sie ihr ganzes Leben bei, auch im Umgang mit dem Menschen.

Vielleicht hängt dies damit zusammen, daß sie zwischen der vierten und siebten Lebenswoche keine Möglichkeit hatte, sich mit ihrer Mutter auseinanderzusetzen. Es könnte aber genausogut ein angeborenes Merkmal dieses Hundes sein. Es ist nicht möglich, hier eine gültige Aussage zu treffen.

Eines war jedoch deutlich als Mangel zu erkennen, der nicht in den sozialen Bereich fällt. Die kleine Schäferhündin hatte außer ihrem Zwinger und einem sauber geputzten, kleinen Garten keine Gelegenheit gehabt, ihre Umwelt zu erforschen. Zudem wurde den ab der fünften Woche mutterlos gemachten Welpen das Futter und ebenso das Wasser rationiert und zugeteilt. Dies hatte zur Folge, daß ich bei dieser Hündin ihr Leben lang einen »Futter- und Trinktick« akzeptieren mußte. Sie wußte nicht, was freßbar war und was nicht. Sie fraß alles, was sie im Garten fand. Sie schluckte Unmengen von Steinen, schlang Laubblätter hinunter oder tat bei Maulwurfshügeln so, als seien das für sie zurechtgestellte Futterrationen.

All dies waren Dinge, die sie vorher nicht kennenlernen konnte. In mühsamen kleinen Lernschritten mußte ich die Aufgabe übernehmen, sie zu lehren, was man fressen kann und was nicht. Keiner meiner Bearded-Welpen, die im gleichen Areal herangewachsen waren, hatte je Probleme, zu erkennen, was im Garten genießbar und was ungenießbar war. Auch alle anderen Welpen, die ich im Alter von acht Wochen übernommen hatte, zeigten diese Probleme nicht, da sie alle bis dahin die Möglichkeit gehabt hatten, ihre Umgebung kennenzulernen.

Im Alter von etwa vierzehn Wochen, also nach sieben Wochen Lernzeit, wußte die Hündin endlich Genießbares von Ungenießbarem zu unterscheiden. Was blieb, war unmäßiges Fressen von Gras als Ersatzhandlung. Bis heute erntet sie geradezu die Wiesen ab. Sie sucht sich nicht die feinen Gräser heraus, wie das Hunde sonst tun, sondern sie reißt wahllos ganze Grasbüschel aus und schluckt sie.

Ebenso kann sie in der Wohnung keine gefüllte Wasserschüssel stehen sehen. In kleinen Trinkabschnitten nimmt sie jeweils drei Schlückchen auf und geht wieder. Sie findet solange keine Ruhe, bis sie die Schüssel allmählich leergetrunken hat. Das sind Fehlleistungen, deren Ursprung in der vier Wochen währenden Isolation – von der dritten bis zur siebten Lebenswoche – liegt.

Die Hündin erreichte im Alter von zwölf Wochen erst den *Erfahrungsstand,* den meine eigenen Welpen bereits im Alter von acht Wochen zeigten. Sie »verbrauchte« also vier Wochen der wichtigen Lernzeit im Stadium der Eroberung der Umwelt, um Lerndefizite aufzuholen. Alle Welpen, die ich im Alter von acht Wochen übernahm und die ebenfalls bis dahin keine Möglichkeit gehabt hatten, ihre Umwelt zu erobern, zeigten völlig identische Lerndefizite.

Alle normal aufgewachsenen Hunde zeigten den gleichen Wissensstand wie meine Bearded-Welpen in diesem Alter. Diese Beobachtungen bestätigen die physiologisch-neurologischen Ergebnisse, die wir bereits kennenlernen konnten.

Mit welchem Recht läßt der Mensch von ihm gewollte und gezüchtete Hunde »verdummen« und erschwert damit eine ausgewogene Entwicklung oder verhindert sie sogar?

Bemerkenswert ist, daß sich die sozialen Verhaltensweisen dieser früh isolierten und mutterlos gemachten Hündin lückenlos und fehlerfrei entwickelten. Dank meiner gut sozialisierten erwachsenen Hunde hatte sie die Gelegenheit, die erforderlichen Lernprozesse nachzuholen.

Alle jungen Hunde, die entweder bei mir geboren waren oder für meine Studien von der achten bis zur zwanzigsten Lebenswoche bei mir aufwuchsen, zeigten als erwachsene Hunde ein ausgeprägtes, sicheres Verhalten jedem Artgenossen gegenüber.

Für die »umweltarmen« und mutterlos gemachten Welpen wie sie ist von entscheidender Bedeutung, daß sie zumindest ihre Geschwister als Sozialpartner haben. Wir können annehmen, daß es genügt, wenn ein erwachsener Hund einem Welpen erst im Alter von acht Wochen mitteilt, wie er sich ihm, dem überlegenen Hund, gegenüber zu verhalten hat. Dabei ist der Nachdruck, mit dem dies einem so aufgewachsenen Welpen klar gemacht wird, stärker ausgeprägt. Die Wiederholungen der entsprechenden Ausdrucksformen müssen häufiger eingesetzt werden als bei normal aufwachsenden Hunden.

Das Verhalten der Welpen fremden Welpen gegenüber

Mit den folgenden Beobachtungen beschreibe ich das Verhalten von Hunden, die bis zur achten Lebenswoche die Möglichkeit hatten, sich in einer welpengerechten Umwelt zu entwickeln, und die auf keine Verhaltensanomalien hin gezüchtet wurden. Ich beziehe auch die Hunde mit ein, die bei mir im sozialen Bereich die Möglichkeit hatten, das Sozialverhalten bis zur zwölften Lebenswoche nachzulernen.

Treffen sich Welpen, die sich nicht kennen, auf neutralem Gebiet, so zeigen sie keine Vorbehalte gegeneinander. In Bruchteilen von Sekunden können sie sich einschätzen. Ohne Umschweife beginnen sie sofort zu spielen. Zunächst balgen sie sich ein wenig, dann folgen die bekannten Fangspiele. Sie wechseln spielerisches Kräftemessen mit Jagdspielen ab.

Entdeckt ein Welpe etwas Ungewöhnliches und untersucht es, stürmen sofort die anderen hinzu und begutachten es. Wird ein Spiel zu grob, teilt dies der Betroffene lauthals mit, mit dem Erfolg, daß der andere von ihm abläßt. Nach kurzer psychischer Erholungspause werden die Spiele wieder aufgenommen. Die Dauer der Spiele richtet sich nach der Kondition der einzelnen Welpen.

Kommt ein fremder Welpe erstmalig in das Revier des anderen, fühlt sich der Reviereigentümer erheblich sicherer, obgleich wir bei Welpen noch nicht von Revierverhalten sprechen können. Hierbei handelt es sich lediglich darum, daß der fremde Welpe sich, im Gegensatz zum anderen, nicht sofort auskennt und orientieren kann. Somit ist er im Nachteil. Das Verteidigen von Spielzeugbeute ist in diesen Fällen häufiger zu erleben als auf neutralem Boden.

Je näher die heranwachsenden Hunde zur Geschlechtsreife kommen, desto eher werden Drohgebärden gezeigt. Einmal geht es darum, »Beute« zu verteidigen, und zum anderen, seine persönliche Stärke zu zeigen.

Unter Rüden wird manchmal harmlos gerauft. Vor allen Dingen dann, wenn einer der beiden, um seine psychische Stärke zu zeigen, dem anderen Rüden aufreitet. In dieser Zeit beweisen Hündinnen dem Rüden, daß sie »unbescholtene Damen« sind, die sich nicht mehr einfach von hinten beschnüffeln lassen. Wird der Rüde aufdringlich, schnappen sie ihn ab. Begegnen sich zwei Hündinnen in dieser Zeit, so zeigen sie zwar beide starke Erregung, aber meistens ziehen sie es vor, sich aus dem Wege zu gehen. In äußerst seltenen Fällen folgt eine kurze Rauferei.

Auch hier hängt die Intensität der gezeigten Verhaltensweisen davon ab, ob sich die Hunde auf neutralem Gebiet oder im eigenen Revier befinden.

Erhielt ich von jungen Hunden Besuch, so zog ich es immer vor, zuerst einen gemeinsamen Ausflug auf neutralem Territorium zu unternehmen. Dann erst betraten wir zusammen das Revier meiner Hunde. Auf diese Weise zeigten sich die Hunde spannungsfrei, und der fremde Hund arrangierte sich problemlos mit den Revierbesitzern.

Verhaltensweisen, die der Beschwichtigung dienen, wurden unter gleichaltrigen Welpen und Junghunden selten gezeigt. Sie wurden auch nicht bei fast geschlechtsreifen Hunden beobachtet, wenn diese im Rang ebenbürtig waren. Die Gesten der Demut mit der Bedeutung der Unterwerfung traten in diesen Fällen überhaupt nicht auf.

Diese Gebärden, die den anderen »bei guter Laune« halten bzw. aggressionshemmend wirken sollen, werden vorwiegend von im Rang unterschiedlich stehenden Hunden gezeigt.

Damit kommen wir zu der Frage, wie sich Welpen und junge Hunde erwachsenen Hunden gegenüber verhalten.

Das Verhalten der Welpen fremden erwachsenen Hunden gegenüber

Hier müssen wir deutlich zwischen erwachsenen Hunden unterscheiden, die die jungen Hunde im Welpenalter kennengelernt haben, und solchen, die sie vorher nicht kannten.

Beobachten wir unter diesen Aspekten zunächst wieder meine Bearded-Welpen im Umgang mit meinen erwachsenen Hunden – einer dreijährigen Schäferhündin und einem fünfjährigen rauhhaarigen Belgischen Schäferhundrüden.

Im Alter von etwa vier Wochen erweiterten meine Welpen ihren Lebensbereich auf einen großen Garten. Die Begegnung mit der Schäferhündin verlief folgendermaßen:

Im ersten Augenblick wollte ein kleiner Welpe, als er den großen fremden Hund entdeckte, fliehen. Die Schäferhündin ihrerseits interessierte sich jedoch stark für den kleinen Hund, zumal sie ja bis jetzt nur »heimlich« einmal kurz einen Blick in die Wurfkiste werfen durfte. Der kleine Welpe konnte sich also nicht aus dem Staub machen. In seiner psychischen Not drückte er sich mit dem Bauch fest auf den Boden. Er rührte sich nicht mehr und erstarrte gleichsam.

Ohne auf das Unbehagen des Welpen einzugehen, beroch ihn die erwachsene Hündin ausgiebig. Dann ließ sie ihn liegen und ging zum nächsten Welpen. Dieser zeigte genau dieselben Verhaltensweisen. Es dauerte eine kleine Weile, bis solch ein sich fürchtender Welpe sich psychisch erholte, vorsichtig aufstand und langsam aus der Gefahrenzone davonschlich.

Meiner Schäferhündin schien es Spaß zu machen, die Welpen alle zu untersuchen. Danach war förmlich zu spüren, wie zwischen den Welpen und ihr die Spannungen nachließen. Die jungen Hunde begannen nun ihrerseits, der Schäferhündin nachzugehen und sie zu beriechen. Drehte sich die Hündin nach einem Welpen um, rutschte dieser sofort auf den Bauch und verharrte. Von keinem meiner Welpen wurden zu diesem Zeitpunkt Beschwichtigungsgesten gezeigt oder sogar eine Demutshaltung eingenommen, obgleich sie diese Gesten bei der Mutter bereits angewendet hatten.

Je öfter die kleinen Hunde der

Schäferhündin begegneten, desto offener wurden die Kontaktaufnahmen. Die kleinen Hunde begannen erst zaghaft, dann aber mit voller Kraft mit dem Schwanz zu wedeln. Allmählich gingen sie freudig auf die Hündin zu und begrüßten sie, wie sie dies bei ihrer eigenen Mutter auch taten. Die Schäferhündin, die nie Junge hatte, begann, sich mit den Welpen spielerisch zu beschäftigen.

Nach wenigen Stunden war ein *Familienband* geknüpft. Dabei blieb nicht aus, daß die Begrüßungszeremonien der erwachsenen Hündin manchmal lästig wurden. Sie zeigte die Zähne und hob den Kopf nach oben, um dem *Fangstupsen* auszuweichen. Hörte ein kleiner Welpe nicht auf, knurrte sie dazu, und schon war das Schwanzwedeln nur noch auf die Schwanzspitze beschränkt. Schließlich rutschte er auf den Bauch, aber immer noch mit der Tendenz, an den Fang der Hündin zu kommen. Die Beschwichtigung war in vollem Gange.

Je nachdem, welchen Verlauf das »Gespräch« der beiden nahm, wurde von neuem beschwichtigt oder die *Bauchhaltung* mit abgewandtem Kopf eingenommen, falls die Hündin abschnappte. Entweder verließ die Hündin danach den Welpen, oder sie begann, ihn zu beschnuppern und mit der Nase auf den Rücken zu rollen. Wie die Mutterhündin leckte und putzte sie den Bauch des kleinen Welpen.

Ich konnte beobachten, wie sich bei all diesen Interaktionen die Welpen immer häufiger von selbst auf den Rücken rollten und somit die bekannte Demutshaltung demonstrierten. Spielte die Schäferhündin zu grob oder wurde das Spiel zu heftig, legten sich die Welpen sofort auf den Rücken. War diese Haltung eingenommen, hörte das Spiel auf.

Es fiel mir auf, daß bei Hündinnen fast immer über die Demutshaltung, bei der der Bauch präsentiert wird, Brutverhalten ausgelöst wurde. Wurden Rüden über den dargereichten Bauch zum Lecken animiert, führten sie die Handlung so aus, als beleckten sie eine läufige Hündin.

Eine andere Kontaktaufnahme zeigte meine Schäferhündin im Umgang mit den viereinhalb Wochen alten Welpen besonders häufig: Sie versuchte immer wieder, mit ihrem Fang über den Kopf oder den Nacken eines Welpen zu greifen, so als ob sie ihn tragen wollte. Sie faßte ihn auch, schloß aber den Fang nicht, so daß sie nie dazu kam, den Welpen wirklich zu tragen.

Dieses Verhalten zeigte die Hündin im übrigen bei allen Welpen, die zu mir kamen. Je größer die jungen Hunde wurden, desto häufiger griff sie nicht mehr über den Kopf, sondern nahm den Fang der Welpen in ihren eigenen. Auch dabei hielt sie ihren Fang in einer bestimmten Weite geöffnet.

Die Welpen blieben unbeeindruckt, wenn die Hündin sie symbolisch von oben griff. Faßte sie aber über den Fang der schon etwas älteren Hunde, ohne ihnen damit Schmerz zuzufügen, so rutschten sie auf den Bauch und bewegten sich nicht mehr. Daraus resultierten dann wieder die Gesten der Beschwichtigung und der Demut. Die Welpen empfanden das Umgreifen ihres Fanges offensichtlich als Dominanzgeste und antworteten mit Unterwerfung.

Dieses »Um-den-Kopf-Greifen« und später »Um-den-Fang-Greifen«

entsprach dem Verhalten von Hündinnen, die ihre neugeborenen Welpen von einem Ort zum anderen tragen wollen. Bevor sie dies tun, messen sie mit ihrem Fang den besten Griff aus, um die Welpen schonend zu transportieren und nicht zu verletzen.

Das Beispiel macht deutlich, wie psychisch neutralen Verhaltensweisen später emotionale Bedeutung zugemessen wird. Wenn, wie in diesem Fall, eine Dominanz zeigende Geste aus dem Brutverhalten stammt, ist von vornherein eine Hemmung vorgegeben, die ein zu heftiges Zugreifen verhindert.

Junge Hunde zeigen bis zur Geschlechtsreife nie kämpferische und drohende Verhaltensweisen erwachsenen Hunden gegenüber. Geschieht dies doch, so ist das ein Zeichen dafür, daß der junge Hund seine Lektionen im Welpenalter nicht gelernt hat oder daß der erwachsene andere Hund nicht wirklich *reif* ist. Dann verhält sich dieser wie ein Hund vom gleichen Rang.

Im Gegensatz dazu gibt es ausgewachsene Hunde, die sich fremden Artgenossen gegenüber ausschließlich freundlich zeigen. Trotz ihrer Freundlichkeit werden sie häufig von anderen Hunden unfreundlich »angesprochen«. Auch der zu freundliche Hund hat die Lektion im Welpenalter entweder schlecht gelernt oder er ist in seiner Entwicklung aus dem Welpenalter nicht herausgekommen. Solche Hunde behandeln alle fremden Hunde so vertraulich, als gehörten sie zur Familie.

Ich übernahm eine dreijährige Schäferhündin zur Therapie. Aufgrund ihrer Schönheit und ihrer Hundesportleistungen war sie zur Zucht zugelassen. Die Hündin zeigte sich äußerst aggressiv anderen Hunden gegenüber. Sehr vorsichtig integrierte ich sie in meine Hundegemeinschaft. Zunächst nahm ich sie immer nur mit einer meiner eigenen Hündinnen zum Spaziergang mit. Liefen die beiden Hunde frei, so zeigte sie folgendes Verhalten:

Freudig und lebhaft zum Fangspiel auffordernd lief die fremde Hündin auf meine sechs Jahre alte Schäferhündin zu. Diese nahm die Spielaufforderung an. In dem Augenblick aber, als meine Hündin freundschaftlich auf sie zulief, griff die andere unvermittelt voller Aggression an. Völlig verblüfft zögerte meine Hündin, wehrte sich dann und zeigte in Sekundenschnelle ihre Dominanz. Die nunmehr sehr erschrockene fremde Hündin schrie wie ein Welpe und flüchtete. Für meine Hündin war die Sache in diesem Augenblick geregelt.

Das gleiche Verhalten zeigte die fremde Schäferhündin meiner zwei Jahre alten Jagdhündin gegenüber. Auch sie folgte der Spielaufforderung. Wieder kam ein sehr aggressionsgeladener Angriff. Die Jagdhündin zögerte nicht und wehrte sich mit Nachdruck. Sie stellte sich über die fremde Hündin und hielt sie mit dieser Dominanzgeste in Schach. Sobald eine Möglichkeit zur Flucht für die fremde Hündin bestand, nutzte sie diese.

Wir übten nun diese Begegnungen, die jetzt ohne Angriff verlaufen mußten, so daß die Hündin lernen konnte, die Nähe der Hunde zu ertragen, die sie doch eigentlich suchte.

Was ist der Grund für dieses Fehlverhalten?

Die Schäferhündin hatte ausschließlich in einem Zwinger gelebt und daher in ihrem Leben wenig oder gar keine Möglichkeit gehabt, sich mit anderen Hunden zu verständigen. Sie

Mit welchem Recht sperrt der Mensch seine Hunde in Käfige ein?

wollte mit meinen Hunden zwar spielen, fürchtete sich aber in dem Augenblick vor ihnen, als meine Hunde dieser Aufforderung nachkamen. Jetzt griff sie an und kämpfte wie um ihr eigenes Leben. Wiesen meine Hunde sie zurecht, flüchtete sie mit lautem Welpengeschrei.

In den Angriffen der Hündin war für meine Hunde keine Dominanz zu erkennen, deshalb wurde sie alsbald wie ein junger Hund behandelt, großzügig und mit Nachsicht, ohne Angriff.

Die Hündin konnte aufgrund ihrer früheren nicht hundegerechten Haltung kein normales Sozialverhalten entwickeln. Aus diesem Grunde war sie nicht in der Lage, sich mit meinen Hunden zu verständigen, obwohl sie es gerne getan hätte. Ihre beabsichtigte positive Zuwendung schlug im Augenblick der Kontaktaufnahme mit dem Partner in negative Zuwendung um. Dazu kommt, daß sie auch nicht lernen konnte, Verhaltensweisen abzustufen.

Mit welchem Recht käfigt der Mensch seine Hunde und verhindert so ihre soziale Entwicklung?

Begegnete einer meiner Welpen bei Spaziergängen einem fremden Hund, so stürmte er erst freudig erregt auf diesen zu, mußte dann aber feststellen, daß er ihn gar nicht kannte. Der junge Hund war gerade dabei, zu grüßen und den Fang des anderen zu lecken und zu stupsen, als er plötzlich seinen Irrtum bemerkte. Seine Begrüßungsgesten erstarben. Er verharrte für den Bruchteil einer Sekunde in dieser Haltung, um dann allmählich auf den Bauch zu rutschen und wie gelähmt zu verharren.

War der fremde Hund bereit, sich freundlich mit ihm zu beschäftigen, löste sich die starre Haltung, und der junge Hund verhielt sich wie bei einem ihm bekannten erwachsenen Hund.

Er wiederholte die Begrüßung, zeigte die Beschwichtigungsgesten und, falls der erwachsene Hund ihn noch eingehender inspizieren wollte,

Die Deutsch-Langhaarhündin (4 Jahre) zollt der Schäferhündin (8 Jahre) vollen Respekt. Sie drückt sich auf den Bauch und zeigt anschließend die Demutsgeste. Die Jagdhündin kam mit 8 Wochen zur Schäferhündin.

nahm er auch noch die Demutshaltung ein.

Diese Zeremonien dauerten so lange, bis der erwachsene Hund entschied, ob er mit dem Welpen spielen oder lieber seiner eigenen Wege ziehen wollte. Begegnete der Welpe diesem Hund wieder, verhielt er sich wie bei den familieneigenen Hunden.

Dieses Erstarren, das Hunde bei der ersten Begegnung mit einem fremden erwachsenen Hund zeigen, konnte ich bei meiner neun Wochen alten Deutsch-Langhaarhündin besonders ausgeprägt erleben. Begegnete sie einem gut sozialisierten erwachsenen Hund, der sich für sie interessierte, so behielt sie die erstarrte Haltung so lange bei, bis ich selbst über positive Zuwendung ihre Spannung löste.

Übersah ich ihre Erstarrung und entfernte mich, so blieb sie bis zu zehn Minuten bewegungslos liegen. Ich mußte zu ihr zurückkehren und sie erlösen. Anschließend hielt die Hündin sehr engen Kontakt mit mir, um nicht wieder in diese ihr offensichtlich unangenehme Situation zu kommen.

Dieses »In-die-Starre-Fallen« konnte ich bei dieser Hündin nach der sechzehnten Lebenswoche nicht mehr beobachten.

Bis etwa zum Beginn des Stadiums des Umgangs mit der Umwelt zählen die Welpen erwachsene Hunde, die sie bis dahin positiv kennenlernen konnten, sozusagen zur Familie. Sie zollen ihnen vollen Respekt bis weit über die physische und psychische Geschlechtsreife hinaus. Sie fügen sich den drohenden Gebärden des anderen Hundes und wagen es nicht, ihn durch ihr Verhalten herauszufordern. Alle Gesten der positiven Zuwendung, der Beschwichtigung und der Demut werden gezeigt und sinnvoll angewandt.

Lernten die jungen Hunde *später*, kurz bevor sie selbst in die hormonelle Geschlechtsreife kamen, erwachsene, ausgereifte Hunde kennen, so konnte ich in der Regel die Anwendung der Demutsgeste ihnen gegenüber nicht beobachten.

Ein Beispiel hierfür:

Der junge Schäferhund (3 Monate) zeigt nach erfolgloser Beschwichtigung der achtjährigen Hündin die Demutsgeste.

Meine Schäferhündin begegnete im Alter von zwei Jahren des öfteren einer ebenso alten Komondorhündin, die sie mit etwa sieben Monaten kurz kennengelernt hatte. Da sich diese Hündin sehr dominant und provozierend verhielt, versuchte meine Hündin bei Spaziergängen immer, einen bestimmten Abstand zu ihr zu halten. Überschritt die Hirtenhündin diese Distanz und kam auf sie zu, versuchte meine Hündin zu fliehen.

Gelang die Flucht nicht, so blieb sie bewegungslos stehen. Dabei stellte sie die Rückenhaare, klemmte die Rute zwischen die Hinterläufe, legte die Ohren flach nach hinten und zog einen Vorderlauf eng angewinkelt nach oben, so daß sie regungslos auf drei Beinen stand. Die Komondorhündin stellte sich mit ihrer ganzen Körperbreite vor sie hin und hielt sie in Schach.

Minutenlang verharrten die beiden Hündinnen so, bis die dominante Hündin langsam von ihrer Dominanz abließ, über die Gesichtsmimik aber noch ihre Überlegenheit zu erkennen gab. Meine Hündin verharrte noch eine gemessene Zeit in dieser Haltung. Langsam wagte sie sich zu bewegen und kam Schutz suchend zu mir.

Bei diesen gleichaltrigen Hündinnen erleben wir extrem deutlich, daß weder die Beschwichtigungsgesten noch die Demutshaltung gezeigt wurden, um einen Kampf zu verhindern. Unter gleichaltrigen, im Rang unterschiedlich starken Hunden werden offensichtlich andere Maßnahmen getroffen, um beim Gegner eine Hemmung der Aggression zu bewirken, als bei Welpen und erwachsenen Hunden.

Dieses Erstarren der Bewegung

Mit dieser Haltung gelang es ihm, die Aggression in positive Zuwendung umzulenken.

konnte ich bei der Begegnung von noch unbekannten, im Rang unterschiedlichen Hunden immer wieder feststellen, ganz gleich, ob es sich um Welpen oder erwachsene Hunde handelt. Die Auflösung der Spannung jedoch zeigt sich unterschiedlich.

In allen Fällen macht der im Rang höher stehende Hund den Ausgang einer derartigen Begegnung von dem Verhalten des unterlegenen Hundes abhängig:

Welpen haben die Möglichkeit, mit Gesten der Beschwichtigung weitere Aggressionen zu verhindern und mit den Gesten der Demut Aggression in positive Zuwendung umzulenken.

Erwachsene, rangniedrige Hunde dagegen müssen warten, bis der Überlegene aufgrund der Gestik des Unterlegenen bereit ist, die Spannung zu lösen. Der im Rang tiefer stehende Hund hat so lange bewegungslos zu bleiben, bis sich der ranghöhere Gegner großzügig abwendet, um sich um anderes zu kümmern.

Der Dominanz zeigende Hund, der ohne Kampf aus dem Spannungsfeld geht, ist jedoch peinlich darauf bedacht, sein »Gesicht« zu wahren. Mit übertrieben langsamen Bewegungen entfernt er sich, wobei er den unterlegenen Hund im Auge behält, damit dieser sich psychisch nicht so schnell »erholt«.

Das Verhalten erwachsener Rüden den Welpen gegenüber

Die Begegnungen meiner Welpen mit meinem Rüden verliefen genauso, wie ich dies immer wieder bei männlichen Hunden beobachten konnte, wenn sie psychisch ausgereift und wirklich erwachsen waren. Etwas steifbeinig, mit langsamen Bewegungen stelzten sie einher und beschnüffelten die Welpen. Diese zeigten, wie vorher beschrieben, Fluchttendenzen. Wurden sie inspiziert, ertrugen sie die Prozedur, indem sie sich auf den Bauch drückten und erstarrten. Der Rüde ging vom einen zum anderen und zog sich gemessen zurück, wenn er genügend Information gesammelt hatte. Die Welpen erkannten, daß die Begegnung auch mit diesem Artgenossen ungefährlich ist, und bezogen ihn in die Familie mit ein. Auch er wurde jetzt bei Begegnungen herzlich begrüßt.

Trieben es aber die Welpen mit meinem Rüden zu toll oder ließen sie ihm auf seinem Schlafplatz keine Ruhe, knurrte er. Zeigte das keine Wirkung, fletschte er zu dem Knurren auch noch die Zähne. Half auch das nichts, folgte das *Abschnappen.* Genauso wie bei dem Wunsch, ungestört fressen zu können, war diese Methode die absolut wirksamste.

Manchmal antwortete ein so zurechtgewiesener Welpe mit einem herzzerreißenden Geschrei, so, als sei sein letztes Stündlein gekommen. Dies veranlaßte anfänglich die Mutter herbeizueilen. Sie begutachtete die Situation, maß der Sache offensichtlich keine Bedeutung bei und zog beruhigt wieder ab. Sie machte keine Anstalten, in irgendeiner Weise einzugreifen.

Psychisch ausgereifte Rüden zeigen sich den Welpen gegenüber bis etwa zu deren sechzehnter Lebenswoche relativ neutral. Ich habe nie gesehen, daß sie, wie Hündinnen, wirklich Lust hatten, sich mit diesen kleinen Hunden zu beschäftigen. Sie tolerieren sie und lassen sich sehr geduldig viele kleine Attacken gefallen. Sie ziehen sich lieber zurück, als sich mit den Welpen auseinanderzusetzen, wenn es zuviel wird.

Später, wenn die jungen Hunde psychisch stabiler und nicht mehr so pflegebedürftig sind, spielen die Rüden mit ihnen ausdauernd und mit Begeisterung.

Betrachten wir die Geste des Abschnappens bei Rüden, so erkennen wir im Vergleich zu Hündinnen Unterschiede. Ein Rüde zögert nicht nur sehr lange, bis er diese »endgültige« Geste zeigt, sondern er führt sie auch anders aus als eine Hündin: Schnappt ein Rüde ab, so hält er den Kopf waagrecht über den Welpen oder sogar noch weiter nach oben erhoben. Er zielt deutlich über den Welpen hinweg in die Luft. Die Hündin dagegen zielt mit dem Kopf genau in die Richtung des Welpen und »bremst« kurz vor der Berührung ihre Bewegung ab, so daß sie ihn nicht berührt. Kleine Unfälle kann es bei dieser Art des Abschnappens geben, bei der Methode der Rüden dagegen fast nie.

Hier ist offensichtlich eine biologische *Vorsichtsmaßnahme* programmiert worden. Das hormonell bedingte Aggressions- und Kräftepotential ist bei Rüden im Vergleich zu Hündinnen höher angelegt. Würde die Abschnappbewegung direkt auf den Welpen zielen, wäre die Gefahr gegeben, ungewollt eine echte Verletzung zu verursachen.

Zusammenfassung

Eine Mutterhündin verständigt sich mit fremden Welpen genauso wie mit ihren eigenen, unter der Voraussetzung, daß sie die fremden Welpen akzeptiert. Auch die Welpen verhalten sich so, als sei die fremde Hündin die eigene Mutter.

Welpen, die sich noch nie begegnet sind, zeigen bei der ersten Begegnung in neutralem Gebiet nach kurzer sozialer Orientierung völlige Unbefangenheit. Verbleibt ein Welpe in seinem Territorium und kommt ein unbekannter Welpe hinzu, werden nach kurzer »Ortsbesichtigung« und gegenseitigem Einschätzen Spiele begonnen, die von denen, die unter Geschwistern stattfinden, nicht zu unterscheiden sind.

Im Spiel der Welpen untereinander werden vorwiegend drohende und kämpferische Verhaltensweisen trainiert. Ebenso finden immer wieder ausgiebige Beute- und Fangspiele statt. Während des Spielens lernen sie, Drohgebärden des anderen Hundes richtig zu interpretieren und ihre eigenen Verhaltensweisen darauf einzustellen und abzustimmen.

Begrüßungszeremonien sind unter Welpen ausgeprägt, Beschwichtigungsgesten dagegen selten zu beobachten. Demutsgesten mit der Bedeutung, Aggression zu verhindern, konnte ich unter Welpen nicht beobachten.

Bei jeder ersten Begegnung von Welpen mit erwachsenen Hunden zeigt der junge Hund zunächst Furcht. Um die Aggression des anderen zu vermeiden, drückt er sich mit dem Bauch auf den Boden und verharrt. Je nachdem, wie sich der erwachsene Hund verhält, wird das gleiche Verhaltensinventar wie bei der Mutter angewandt.

Begegnen junge Hunde das erste Mal erwachsenen Artgenossen nach dem Stadium der Eroberung der Umwelt, so drücken sie sich ebenfalls aus Furcht auf den Bauch und verharren, um die Aggression des anderen nicht weiter herauszufordern. Die Spannung löst sich erst, wenn der überlegene Hund dies zuläßt. Andere als die eben beschriebenen, Aggression hemmenden oder verhindernden Verhaltensweisen werden in diesem Alter nicht mehr gezeigt.

Rüden verhalten sich, im Gegensatz zu Hündinnen, im Umgang mit sehr jungen Welpen eher zurückhaltend, spielen aber mit älteren Welpen sehr gerne.

Die Handlung des Abschnappens als Drohgebärde wird von Rüden bei gleicher Bedeutung anders ausgeführt als von weiblichen Hunden.

Überblick der Ausdrucksformen sozialer Verhaltensweisen

Der Ausdruck sozialer Verhaltensweisen

Vier grundsätzliche Formen im Sozialverhalten eines Hundes

- Verhaltensweisen der positiven Zuwendung:
  Jede Art der Begrüßung und des freundlichen Körperkontaktes.
- Verhaltensweisen der negativen Zuwendung:
  Jede Art der Aggression wie das Droh- und Kampfverhalten.
- Verhaltensweisen, die Aggression hemmen bzw. verhindern:
  - Beim *Unterlegenen:*
    Jede Art der Unterwürfigkeit wie die Beschwichtigung, die Demutsgeste und das unterwürfige Erstarren der Bewegung.
  - Beim *Überlegenen,* der seine Aggression selbst hemmt:
    Die Dominanz zeigende Körperbewegung erstarrt, oder sie wird kurz vor dem Ziel gestoppt oder sie verfehlt das Ziel.
- Verhaltensweisen der Abwendung:
  Jede Art des Fluchtverhaltens wie das Meideverhalten oder die Flucht selbst.

Ein gut sozialisierter Hund beherrscht *alle* aufgeführten Verhaltensweisen und die jeweilige Feinabstimmung auf die entsprechende Situation.

Der Einsatz und Ausdruck von Verhaltensweisen sowie die Antwort auf gezeigtes Verhalten ist abhängig von dem psychischen Zustand, in dem sich der einzelne Hund befindet. Dieser Zustand wird wiederum von der sozialen Stellung beeinflußt, die ein Hund einnimmt.

Wir unterscheiden Hunde, die in der sozialen Stellung gleichrangig sind, von den Hunden, die im Rang unterschiedlich bewertet werden. Je nach Stellung im Rang werden die entsprechenden Verhaltensformen angewandt. Diese dienen gleichsam als Spielregeln.

Hunde, die im Rang gleichwertig sind

Sind Hunde im Rang gleichwertig und tolerieren die Gleichheit, so werden sie freundlich und ohne Aggression miteinander umgehen.

Sind Hunde im Rang gleichwertig und tolerieren dies *nicht,* werden sie über Aggressionsverhalten eine höhere Rangposition zu erreichen suchen. Sie werden kämpfen, bis der Rangun-

Die beiden Hündinnen begegnen sich zum ersten Mal. Die kleinere (3 Jahre) respektiert die Überlegenheit der großen Hündin (10 Jahre), solange sie hersieht.

Jetzt kann die Kleine sich »stark« fühlen, weil die große Hündin abgelenkt ist.

terschied eindeutig ist. Der Unterlegene wird über die Erstarrung der Bewegung und ein in sich *Zusammenschrumpfen* deutlich seine Unterwerfung zeigen. Dies wird den Sieger veranlassen, seine Aggression einzustellen. Auch der Sieger kann dabei erstarren, bleibt aber in seiner Dominanzhaltung. Somit hemmt er gleichsam seine Aggression selbst, wahrt aber seine Überlegenheit.

Beide Regeln gelten unter normal sozialisierten Hunden nur bei gleichwertigen Artgenossen im Jugendalter, während der Geschlechtsreife oder in der Fortpflanzungszeit.

Hunde, die im Rang unterschiedlich sind

Sind Hunde im Rang unterschiedlich, so werden die rangniedrigen Hunde dies über Gesten der Unterwürfigkeit zum Ausdruck bringen. In der Regel wird auch hier über das Erstarren der

Körperhaltung und das *Sich-Verkleinern* die Aggression verhindert oder gehemmt.

Die Sonderstellung von Welpen und Junghunden

Eine Sonderstellung nehmen im Sozialverband der Hunde die Welpen und die jungen Hunde ein. Sie sind im Rang immer der Mutter oder dem erwachsenen Hund gegenüber unterlegen. Sie erleben das Aggressionsverhalten des erwachsenen Hundes in gehemmter Form und lernen dabei, sich zu fügen. Nur wenn der heranwachsende Hund den ausgereiften, im Rang hochstehenden Hund respektiert, werden zukünftig keine ernsthaften Kämpfe das Zusammenleben der Hunde beeinträchtigen. Die Lektion »Halte Abstand« muß gelernt worden sein, und das entsprechende Verhalten muß unmißverständlich gezeigt werden.

Im Familienverband sind dem jungen Hund zusätzliche Möglichkeiten gegeben, drohendes Verhalten des erwachsenen Hundes in positive Zuwendung umzukehren.

Hunde zeigen ausgeprägte »Freundschaften« bzw. »Bekanntschaften«. Zu Freundschaften werden alle Bekanntschaften gezählt, die etwa bis zum Ende des Stadiums der Eroberung der Umwelt gemacht wurden. Diese Freunde werden zu den Familienmitgliedern gezählt und erheblich »vertrauter« behandelt als die Bekannten, die sie später kennengelernt haben. In diesem Alter geschlossene Freundschaften halten zumeist ein ganzes Leben. Die jungen Hunde bleiben auch als erwachsene, ausgereifte Persönlichkeiten in der Lage, Aggressionen der »Freunde« über die Gesten der Beschwichtigung zu hemmen oder über die Geste der Demut in positive Zuwendung zu verwandeln. Zeigen also erwachsene Hunde gegenüber dominanten erwachsenen Artgenossen Gesten der Beschwichtigung und Demut, so handelt es sich um im Welpenalter geschlossene Freundschaften.

Der Beginn des Stadiums des Umgangs mit der Umwelt scheint bei unseren Haushunden die Zeit zu sein, in der die Zugehörigkeit zu einem *Rudel* festgelegt wird. Die einzelnen Mitglieder dieses Verbandes müssen nicht in einer Einheit ständig zusammenleben, sondern ihr Lebensbereich kann sich auf verschiedene Wohngemeinschaften erstrecken.

Beim Spiel von Hunden, die sich kennen und im Rang unterschiedlich sind, finden wir alle sozialen Verhaltensweisen gemischt. Dabei werden oft die Rollen getauscht. Ein dominanter Hund zeigt Unterwerfung, und ein rangniedriger erlaubt sich, Dominanz zu zeigen.

Im Spiel werden oft die Rollen getauscht. Der dominante Hund zeigt Unterwerfung, der rangniedrige erlaubt sich, Dominanz zu zeigen: Rauhhaariger Belgischer Schäferhund, 3 Jahre; Deutsche Schäferhündin, 9 Monate.

Links: Die Aggression wird gehemmt. Deutlich zeigt der kleine Border-Collie seine Unterlegenheit. Die Körperhaltung »schrumpft«, und der Kopf wird zusätzlich noch zur Seite gedreht. Belgischer Schäferhund 1 Jahr, Border-Collie 14 Wochen. (Foto: B. Ruckdeschel).

KAPITEL 4

Die Verständigung zwischen Hund und Mensch

Die Anwendung sozialer Verhaltensweisen des Hundes dem Menschen gegenüber

Je nachdem, welchen Stellenwert der Mensch vom Hund erhält, wird dieser ihn wie einen »Freund« oder wie einen »Bekannten« behandeln. Es scheint mir, als wende der Hund die gleichen Maßstäbe wie bei den Beziehungen mit seinen Artgenossen an. Menschen, die er im Welpenalter bis etwa zum fünften Lebensmonat kennen und lieben gelernt hat, behandelt er deutlich vertrauter als andere, die er später positiv kennenlernte. Dies konnten wir eindrucksvoll am Verhalten meiner Bearded-Collie-Hündin erkennen, als sie ihre Jungen betreute.

Trotzdem bleibt die Frage offen, ob der Hund den Menschen als Mensch oder als einen Artgenossen ansieht. Da wir Menschen nur *menschlich* und nicht *hundlich* empfinden und auch nicht wie ein Hund aussehen, werden wir für die Antwort nur Vermutungen anstellen können. Wir werden aufgrund von Beobachtungen sozialer Verhaltensweisen, die die Hunde untereinander zeigen, versuchen, herauszufinden, ob sie diese auch dem Menschen gegenüber anwenden.

Wir dürfen nicht vergessen, daß der Hund den Menschen zu Beginn des Stadiums der Eroberung der Umwelt erst mit fast allen seinen Sinnesorganen wahrnehmen und psychisch bewerten muß, bevor er sich ihm positiv zuwenden kann. Bei guter Erfahrung wird er ihn dann in seinen »Familien- bzw. Freundeskreis« einbeziehen. Die wichtigste psychische Leistung dabei ist, das angeborene *Feindbild* »Großes, aufrecht-auf-mich-Zugehendes« in ein *Freundbild* umzubewerten.

Aus diesen Gründen ist, nach meinen Erfahrungen, die Verständigung zwischen Hund und Mensch ein separates System, das sich genauso entwickeln muß, wie es zwischen den Hunden geschieht. Ein Hund, der ein sehr gut entwickeltes Sozialverhalten seinen Artgenossen gegenüber zeigt, ist nicht unbedingt dem Menschen gegenüber gut sozialisiert. Der Hund muß jedoch, da er keine anderen Ausdrucksmöglichkeiten hat, dieselben Ausdrucksformen verwenden, die er auch seinem Artgenossen gegenüber zeigt. Die *Bedeutung* der verwendeten Verhaltensweisen allerdings kann sich dem Menschen gegenüber inhaltlich verändern.

Das Verhalten eines einzelnen Hundes dem Menschen gegenüber

Verhaltensweisen der positiven Zuwendung

Alle Verhaltensweisen der positiven Zuwendung scheinen genauso angewandt zu werden wie bei den Artgenossen. Manchmal hat es den Anschein, als sei die Begrüßung dem Menschen gegenüber noch ausgeprägter als unter den Hunden. Der Grund hierfür scheint darin zu liegen, daß sich der Mensch oft länger begrüßen läßt, als dies unter den Hunden üblich ist. Somit beschäftigt er sich ausdauernder mit dem Hund und zieht die Begrüßungszeremonie in die Länge.

Läßt ein Hundeführer seinen Hund allein und kehrt nach kurzer Zeit wieder zurück, so wird er von seinem Hund mit freudigem, heftigem Schwanzwedeln begrüßt, das verbunden ist mit der Suche nach der menschlichen »Schnauze«. Wer von uns Hundebesitzern kennt nicht die herzliche Begrüßung unserer Hunde, wenn sie an uns hochspringen und unser Gesicht zu erreichen suchen. Sind wir nicht auf der Hut, werden wir heftig »geküßt«, und der *Schnauzenkontakt* ist geglückt. Leider stimmt unsere Anatomie der »Schnauze« nicht mit der des Hundes überein, so daß unsere Zähne gefährdet sind.

Wie enttäuschend endet aber die herzliche Kontaktaufnahme für unsere Hunde, wenn die Besitzer meinen, sie müßten ihnen schnellstmöglich die *»Unsitte«* des Anspringens, also die herzliche Begrüßung, abgewöhnen. Jedesmal wird dem positiv gestimmten Hund über üble Strafmaßnahmen eine negative Erfahrung verpaßt. Die Folge ist, daß der Hund nicht mehr zur Begrüßung kommt, oder, was viel häufiger ist, er kommt nur angekrochen. Ein trauriges Bild!

Wir sollten statt dessen den Hund bei der Begrüßung offen in die Arme nehmen und versuchen, wenn die Kontaktaufnahme zu stürmisch ist, ihm etwas zu fressen oder einen Gegenstand zum Tragen zu geben. Damit verhalten wir uns fast wie die Hundemutter, die dem Welpen Nahrung hervorwürgt. Wir haben unseren so freudigen Hund nicht negativ psychisch belastet, sondern im Gegenteil das Zusammengehörigkeitsgefühl zwischen uns und dem Hund noch positiv verstärkt.

Verhaltensweisen der negativen Zuwendung

Negative Zuwendung ist immer mit aggressivem Verhalten verbunden. Mit diesen Verhaltensweisen versucht ein Hund, seine Position in der sozialen Gemeinschaft zu klären oder den Kontrahenten einzuschüchtern bzw. in die Flucht zu schlagen.

Hier konnte ich keinen Unterschied im Umgang des Hundes mit dem Artgenossen im Vergleich zum Umgang mit dem Menschen erkennen. Der Mensch wird wie der Artgenosse zur Warnung angeknurrt oder, um der Warnung mehr Nachdruck zu verleihen, mit gefletschten Zähnen angeknurrt. Schließlich wird abgeschnappt, um dem Uneinsichtigen keinen Zweifel an der Ernsthaftigkeit der Handlung zu lassen.

Diese drei Formen des Drohens dienen der friedlichen Lösung von Problemen. Sie wirken daher nur einschüchternd. Abschnappen ist, wie wir erfahren konnten, *kein Beißen.* Es sollte deshalb nicht mit dem Beißen, das in Kämpfen gezeigt wird, verwechselt werden. Kämpfendes Beißen dient im allgemeinen dazu, die Rangposition zu klären. Wenn ein Angriff, wie es manchmal scheint, von einem unterlegenen Hund ausgeht, dann fehlt diesem die Möglichkeit zur Flucht. Er ist somit gezwungen, um sein Leben zu kämpfen. Hier handelt es sich um einen echten Kampf, dessen Auslöser grenzenlose Angst ist. Er ist deutlich von Kämpfen zu unterscheiden, in denen die Position in der sozialen Gemeinschaft geklärt werden soll.

Unter gut sozialisierten Hunden werden, im Vergleich mit allen anderen aggressiven Verhaltensweisen, die Drohgebärden am häufigsten gezeigt. Echte Kämpfe um die Rangordnung sind selten. Kämpfe mit einem psychisch schwächeren Hund, der lieber flieht, als sich auseinanderzusetzen, finden bei entsprechend sozialisierten Hunden nicht statt, denn die Rangposition wurde bereits vorher mit Drohgebärden geklärt.

Erleben wir trotzdem heftige Auseinandersetzungen unter den Hunden sowie zwischen Hund und Mensch, liegen Fehlleistungen von einem der Partner oder von beiden vor.

Entarten die Kämpfe unter Hunden, so gibt es verschiedene Ursachen dafür:

- Es handelt sich um genetische Defekte, die man züchterisch erreichen und festigen kann.
- Es handelt sich um krankheitsbedingte Aggression.
- Es handelt sich um mangelnde Sozialisation, die immer der Mensch zu verantworten hat.

Da der Hund den Menschen im Bereich der Aggressionshandlungen wie einen Artgenossen *anspricht,* ist der Mensch gezwungen, die Ausdrucksformen des Hundes zu kennen. Nur wenn er sie richtig interpretiert und sein Verhalten danach richtet, wird er Mißverständnisse ausschließen können.

Beurteilt er das Verhalten falsch und reagiert daher auch falsch, kann es passieren, daß er auch von einem gut sozialisierten Hund angegriffen wird. In diesen Fällen verhält sich der Mensch wie ein schlecht oder gar nicht sozialisierter »Hund«.

Interpretiert der Mensch die aggressiven Verhaltensweisen des Hundes richtig und reagiert darauf auch richtig, wird aber trotzdem angegriffen, so liegen Fehlleistungen im Verhalten des Hundes vor.

Verhaltensweisen, die Aggression hemmen bzw. verhindern

Wie wir beobachtet haben, entsteht die Beschwichtigungsgeste genauso wie die Begrüßung aus dem *Futterbetteln.* Wird das Stupsen und Lecken des begrüßenden Hundes dem überlegenen Hund zuviel, zeigt er ihm das mit Drohgebärden. Der Unterlegene versteht und möchte die Drohung hemmen. Mit seinem Hinterteil Unterwerfung zeigend und vorne noch immer mit Lecken den *Schnauzenkontakt* suchend, beschwichtigt er den Drohenden.

Die Bedeutung der Beschwichtigung gegenüber dem Menschen ist vom Inhalt her gleich, trifft jedoch manchmal nicht mehr das richtige »Ziel«.

Die Geste mit richtigem »Ziel«: Der Hund entdeckt etwas für ihn überaus Interessantes und läuft stark motiviert dorthin. Der Hundebesitzer möchte das Weglaufen seines Hundes verhindern und ruft ihn oft auch mehrmals. Leider ist der Hund so abgelenkt, daß er auf das Rufen nicht kommen kann. Schließlich wird sein menschlicher Freund wieder wichtiger als das, was ihn vorher interessierte, so daß der Hund freudig zurückkommt.

Der Hundeführer wirkt jetzt voll Zorn mit Worten und Gesten bedrohlich auf seinen Hund ein, weil dieser auf den Ruf nicht sofort zurückkam. Der Hund, der diese Reaktion natürlich überhaupt nicht verstehen kann, denn er wollte gerade herzlichen Kontakt mit seinem Freund aufnehmen, erkennt die Bedrohung und versucht nun, die gezeigte Aggression zu hemmen. Dazu verwendet er die Beschwichtigungsgesten. Sein Kommen wird langsamer, seine Körperhaltung schrumpft in sich zusammen, die Rute hängt nach unten, und es wird nur noch mit der Spitze zaghaft gewedelt. Der Kopf ist dem Hundeführer zugewendet. Mit der Zungenspitze leckt der Hund oftmals über seine Nase.

Es wäre schön, wenn der Hundeführer spätestens jetzt seinen Hund richtig verstehen und seine Drohung abstellen oder in freundliche Zuwendung verwandeln würde.

Das Mißverständnis liegt darin: Das freudige Zurückkommen des Hundes wird mit Aggression, die vom Hundeführer ausgeht, beantwortet!

Der Hundeführer möchte seinen Hund wegen des Ungehorsams strafen. Er tut dies aber zum *falschen Zeitpunkt.* Er hätte das Weglaufen des Hundes *vorher* verhindern müssen. Hat er es jedoch zu spät bemerkt, muß er den Vorgang, als sei nichts geschehen, einfach hinnehmen, weil der Hund die Reaktionen des Menschen immer nur auf die *aktuelle* Situation bezieht und nicht auf vorangegangene.

Die Geste mit falschem »Ziel«: Der Hund fühlt sich von anderen Menschen bedroht. Tritt dieser Fall ein, kehrt der Hund zu seinem Hundeführer zurück und nimmt unterwürfigen Kontakt auf. Er kann den anderen Menschen nicht beschwichtigen, da er für ihn fremd ist. Wir erinnern uns, daß Hunde im allgemeinen nur innerhalb ihres Freundeskreises Beschwichtigungsgesten anwenden. Daher kann er sie auch nur bei seinem »Freund« zeigen, obwohl sie einem anderen gelten müßten.

Eine interessante Beobachtung habe ich bei Hunden gemacht, die dem Menschen ausgesprochen verbunden sind:

In einem Test, den ich bei Rettungshunden durchführe, soll das Verhalten des Hundes einem bedrohlich wirkenden, fremden Menschen gegenüber festgestellt werden.

Der Hundeführer hat sich von seinem Hund zu entfernen, nachdem er ihn z. B. an einem Zaun festgebunden hat. Sobald der Hund sich mit seinem Alleinsein abgefunden hat, nähert sich ihm eine Person bedrohend. Langsam,

Der Schäferhund fühlt sich bedroht. Er zeigt Meideverhalten. (Foto: G. Grüner)

ihn mit den Augen fixierend und etwas erhobenen Armen, geht sie auf den Hund zu. Dieser stutzt, und je nachdem, wie sehr er sich bedroht fühlt, reagiert er mit Ansätzen von Aggression oder beginnendem Meideverhalten. Die besonders mit dem Menschen verbundenen Hunde jedoch versuchen zu beschwichtigen. Die Beschwichtigung können sie aber nur ihrem »Freund« zeigen und nicht dem Bedrohenden, der »Feind« ist. In Ermangelung des richtigen Partners beschwichtigen sie ohne Ziel: Sie bleiben aufrecht stehen, wedeln mit der Rutenspitze und lecken sich mit der Zungenspitze die Nase.

Würden sie die Aggression des Bedrohenden hemmen wollen, müßten sie sich verkleinern und sich ihm unterwürfig nähern. Da diese Hunde die Menschen vorwiegend als »Freunde« einstufen, kommen sie über das Drohverhalten des Menschen in einen psychischen Zwiespalt.

Die Beschwichtigungsgesten werden, wie wir beobachten konnten, wie bei den Artgenossen nur den Menschen erwiesen, die zum »Freundeskreis« des Hundes gehören. Fühlt sich der Hund von einem fremden Men-

In Ermangelung eines Partners, der zum »Freundeskreis« gehört, beschwichtigt er ohne Ziel. (Foto: G. Grüner)

»Bitte, streichle mir den Bauch.«
(Foto: G. Grüner)

schen bedroht, beschwichtigt er den eigenen Hundeführer, obgleich dieser mit der drohenden Handlung nichts zu tun hat. Ist ein stark auf den Menschen bezogener Hund auf sich gestellt und wird bedroht, so beschwichtigt er ohne Ziel und läßt Teile der Gesten dabei wegfallen.

Ebenso wie die Beschwichtigung wird auch die Demutsgeste nur im »Freundeskreis« dem überlegenen Hund gezeigt. Sie ist ein Beispiel für Verhaltensweisen, deren Inhalt sich im Umgang mit dem Menschen verändert.

Wird die Demutsgeste beim Artgenossen gezeigt, so drückt der Hund folgendes aus: »Ich unterwerfe mich dir und möchte deine Aggression unter keinen Umständen weiter herausfordern. Im Gegenteil, ich möchte sie in positive Zuwendung verwandeln.« Dem Menschen gegenüber wird sie sehr häufig mit der Bedeutung angewendet: »Ich lege mich auf den Rücken, bitte streichle meinen Bauch, das genieße ich so sehr.« Wichtig dabei ist, daß der psychische Faktor, nämlich die mit Angst gekoppelte Unterwerfung, hierbei ganz *wegfällt.*

Häufig mündet das Auf-dem-Rücken-Liegen in eine Spielaufforderung. Klappt sie nicht, so läßt man sich eben wieder auf den Rücken fallen, um wenigstens gestreichelt zu werden. In diesem Falle dient solches Verhalten nicht mehr dazu, Aggression beim Partner zu verhindern, sondern es wird dazu verwendet, positive Zuwendung ohne vorausgegangene Aggression zu erhalten.

Verhaltensweisen der Abwendung

Das Ausdrucksverhalten, das der Hund dem Menschen gegenüber sowohl bei der Vorstufe der Flucht, dem Meideverhalten, als auch bei der Flucht selbst zeigt, unterscheidet sich

nicht von dem bei Artgenossen verwendeten Verhalten. Ich habe allerdings den Eindruck, als löse der Mensch sehr viel häufiger Ausdrucksformen des Meideverhaltens beim Hund aus, als dies bei den Hunden untereinander der Fall ist. Der Grund hierfür liegt in der großen, aufrechten Gestalt des Menschen, die den Hund immer psychisch beeindruckt. Auch wenn der Hund als Welpe zum richtigen Zeitpunkt auf den Menschen geprägt wurde, fühlt er sich, geht ein Mensch unvermutet auf ihn zu, bedroht. Er drückt dies in seinem Verhalten aus. Wir haben auch hier, wie bei der Begrüßung, das Problem, daß der Mensch anatomisch nicht wie ein »Hund« aussieht. Daher ist in diesen Fällen die Verständigung schwieriger als unter Artgenossen.

Hunde, die sich vor dem Menschen fürchten, fliehen. Ist diese Flucht

Meideverhalten (Eurasier, 1 Jahr alt).

Ein zum richtigen Zeitpunkt auf den Menschen geprägter Schäferhund! Trotzdem läßt er sich von der drohenden Menschengestalt beeindrucken. Er beschwichtigt sogar in dieser Entfernung. (Foto: M. Gerhard)

Die Bedrohung wird vom Menschen überbetont. Der Hund geht in das Meideverhalten über, um die Aggression des Drohenden zu hemmen.
(Foto: M. Gerhard)

Schließlich drückt er sich auf den Bauch, um seine Unterlegenheit noch deutlicher zu zeigen.
(Foto: M. Gerhard)

nicht möglich, drücken sie sich vor ihm auf den Boden und rühren sich nicht mehr. Sie warten einen günstigen Zeitpunkt ab, um sich aus dem Spannungsbereich zu entfernen. Sie zeigen also ein Verhalten, wie wir das bei der Begegnung von jungen Hunden mit für sie fremden erwachsenen Artgenossen kennenlernen konnten.

Das Verhalten mehrerer gemeinsam gehaltener Hunde dem Menschen gegenüber

Halten wir in einer menschlichen Gemeinschaft mehrere Hunde gemeinsam, so kristallisiert sich sehr schnell heraus, daß sich die Beziehungen zwischen Hund und Hund einerseits und zwischen Mensch und Hund andererseits unterscheiden. Auch hier müssen wir uns wieder die Tatsache vor Augen halten, daß die sozialen Verhaltensweisen des Hundes, zum Teil genetisch fixiert, in sich fein abgestimmt sind. Sie werden im Zusammenleben der Hunde entsprechend den Vorgaben ihres genetischen Gerüstes gelernt und trainiert.

Die Bindungen zwischen Mensch und Hund müssen jedoch von *jedem* Hund erst im Laufe seiner Entwicklung gelernt werden. Der wesentliche Unterschied in der Beziehung liegt also darin, daß der Mensch für den Hund immer nur einen *Ersatzpartner* darstellt. Sind andere Möglichkeiten vorhanden, werden sie schnell mit dem richtigen »Partner Hund« ausgetauscht.

Dieses Phänomen wird besonders im Bereich des Jagd- und Beuteverhaltens und der Aggression deutlich.

Wir gehen z. B. mit mehreren gut gehorchenden Hunden spazieren. Plötzlich springt unversehens ein Hase auf. Auch wenn ihn zunächst nur ein Hund entdeckt hat und ihn zu hetzen beginnt, werden die anderen mitjagen, oft ohne zu wissen, was los ist. Der Hundeführer wird Mühe haben, seine Hunde von dieser Jagd abzurufen. Wäre er nur mit einem seiner Hunde spazierengegangen, so hätte er in dieser Situation seinen Hund mühelos zurückhalten können.

Selbst wenn sich die Hunde nicht kennen, kann über das Jagdverhalten des einen Hundes der andere gegen den Willen seines Hundeführers mitgezogen werden.

Bei einem Spaziergang auf einem großen, freien Feld konnte ich einen Hund beobachten, der einen Hasen jagte. Ein ahnungsloser Spaziergänger kam mit seinem freilaufenden Hund des Weges. Es dauerte nur Sekunden, bis der sonst brave Hund die Situation erfaßt hatte und sofort bei der Jagd mitmachte. Da die Jagdfläche gut überschaubar war, konnten wir beobachten, wie geschickt die beiden Hunde, die sich nicht kannten, den Hasen jagten.

Fassungslos stand der Hundeführer da und rief nach seinem Hund. Er wartete ab, bis sein Hund endlich freiwillig zurückkehrte. Glaubwürdig beteuerte er mir, dies habe er bei seinem Hund noch nie erlebt. Es bleibt dem Hundeführer zu wünschen, daß dieses schöne Erlebnis keinen bleibenden Lerneffekt bei dem Hund erzielt hat.

Im Bereich der Aggression finden wir ähnliche Effekte. Schon das bellende Anschlagen eines Hundes ist als Beginn von Aggression zu bewerten.

Ein Beispiel:

Alle meine Hunde schliefen im Haus, bis auf einen, der sich im Garten aufhielt. Plötzlich bellte dieser Hund. Sogleich erwachten die anderen und schlossen sich dem Gebell an, obgleich sie gar nicht wußten, warum der Hund im Garten bellte. Es ging nach dem Motto: »Hier ist was los, aufgepaßt und im Zweifelsfalle mitgemischt!«

Dieser Gruppeneffekt verstärkt sich im selben Maß wie der Spannungsinhalt einer Situation. Je höher das Aggressionspotential ist, desto gefährlicher wird die Wirkung der Hundegemeinschaft, und um so weniger gelingt der Einfluß des Menschen auf seine Hunde. Unglücksfälle, bei denen zwei Hunde z. B. einen Menschen angegriffen haben, sind nicht selten und äußerst gefährlich. Ein Beispiel:

Zwei Kinder öffneten den Zwinger eines Hundes, den sie kannten. Aus ungeklärten Gründen griff der Hund eines der Kinder an. Der Nachbarshund, der noch nie Menschen gebissen hatte, sprang über den Zaun und beteiligte sich sofort an diesem Angriff. Die herbeigerufenen Hundebesitzer mußten ihre Hunde mit Körperkraft überwältigen, um das Kind zu befreien, das schwerverletzt in ein Krankenhaus gebracht wurde.

In allen Fällen, denen ich noch eine Vielzahl hinzufügen könnte, ist die Verständigung unter den Hunden stärker als zwischen dem Hund und dem Menschen. Es handelt sich dabei immer um Handlungen mit ausgesprochen hoher Motivationsqualität, deren Spannungen sich bedingungslos auf den anderen Hund übertragen. Dabei reduziert sich der Einfluß des Menschen auf ein Minimum oder wird völlig ignoriert.

Hiermit ist die Frage, die mir so oft gestellt wird, ob man für die Gesellschaft des einen Hundes noch einen zweiten dazu nehmen soll, schon beantwortet. Kleine Probleme, die wir mit einem einzelnen Hund haben, können sich mit der Haltung eines weiteren Hundes nicht nur verdoppeln, sondern sich um ein Vielfaches vergrößern.

Halten wir uns zwei oder mehrere Hunde, so können wir diesem Effekt bedingt entgegenwirken, wenn wir uns täglich einzeln um jeden der Hunde kümmern. Der Mensch muß versuchen, zu jedem Hund eine intensive, individuelle Bindung herzustellen. Er muß dem ausgeprägten Zusammengehörigkeitsgefühl der Hunde untereinander stabile Bindungen entgegensetzen können.

Zusammenfassung

Der Hund benützt die gleichen Verhaltensweisen, die er bei seinen Artgenossen zeigt, auch dem Menschen gegenüber. Dabei fällt auf, daß er die Aggression hemmenden und verhindernden Verhaltensweisen, die er im Stadium der Eroberung der Umwelt erlernt, in ihrer Bedeutung dem Menschen gegenüber verändern kann. Die anderen Verhaltensweisen, die er in diesem Alter zu differenzieren und fein abzustimmen lernt, werden unverändert auch im Umgang mit dem Menschen benützt.

Durch den bedrohlich wirkenden, *großen aufrechten Gang* des Menschen wird der Hund immer wieder psychisch beeindruckt sein, so daß Flucht- und Meideverhaltenstendenzen dem Menschen gegenüber häufiger anzutreffen sind als Artgenossen gegenüber.

Offensichtlich unterteilt der Hund seine Beziehungen zum Menschen genauso wie bei seinen Artgenossen in »Freundschaften« und »Bekanntschaften«. Trotz der engen Bindungen zum Menschen sind die Beziehungen vor allem zwischen den Hunden, die sich kennen, erheblich stabiler. Dies gilt vor allen Dingen für die Bereiche des *Jagdverhaltens*, des *Beutemachens* und für das *Aggressionsverhalten*. Hier scheint sich die Spannung des einen Hundes auf den anderen zu übertragen und somit die Handlung des anderen zu bestimmen. Bei Wiederholungen solcher Situationen erfolgt ein Lernen, das nicht auf Nachahmung beruht, sondern allein auf der Übertragung von Spannung.

Möglichkeiten der Verständigung mit dem Hund

Der Weg zur Verständigung mit dem Hund

Wir haben uns bis jetzt mit der Entwicklung sozialer Verhaltensweisen beschäftigt und erkannt, in welchen Situationen der Hund sie benützt. Es zeigte sich, daß der Hund sein Verhalten, das er dem Artgenossen gegenüber gebraucht, auch beim Menschen anwendet. In manchen Gesten verändert er jedoch die ursprüngliche Bedeutung. Manchmal werden Verhaltensweisen dem Menschen gegenüber sehr viel häufiger gezeigt als beim Artgenossen. Diese Beobachtungen unterstreichen die hohe Anpassungsfähigkeit des Hundes an die menschliche Lebensgemeinschaft.

Für den Menschen ist es im Umgang mit dem Hund nicht nur eine große Hilfe, sondern eine dringliche Notwendigkeit, das Verhaltensinventar des Hundes zu kennen und richtig zu interpretieren. Erst dann können wir Möglichkeiten finden, uns mit dem Hund zu verständigen.

Die Einstellung des Menschen zum Hund

Die Verständigung des Menschen mit dem Hund hängt zunächst von der Einstellung ab, die er dem Hund gegenüber hat, und von der Rolle, die er ihm zuweist.

Der Hund als unbezahlter Angestellter

Sieht der Mensch den Hund lediglich als *atmendes Leistungsobjekt*, wird er ihn wie ein technisches Gerät behandeln, das immer funktionieren muß. Fällt das »Gerät« aus, wird es an einen arglosen Kollegen, etwa an einen Hundesportler, verkauft. Erfüllt das »Gerät Hund« auch da seine Funktion nicht, gibt man es schließlich an eine Familie. Da braucht das »Gerät Hund« nicht unbedingt zu funktionieren. Da kommt es auf nichts mehr an!

Die arme Familie, die so einen Hund aus Unwissenheit oder Mitleid übernimmt, bezahlt jeden Tag von neuem die Rechnung für dieses mißbrauchte Geschöpf.

Sieht der Mensch den Hund als *Ersatzobjekt* an, z. B. als Ersatz für einen anderen Menschen und dessen emotionale Zuwendung, so wird er ihn auch nur zu seinem eigenen Wohlbefinden benützen und ihn für seine Zwecke verwenden.

Er wird ihm beispielsweise ein Mäntelchen überziehen, das Fell wie menschliche Haare behandeln und täglich kämmen, fönen und frisieren, oder gar die Krallen des Hundes lakkieren.

In beiden Fällen wird der Hund in den *Dienst* des Menschen gestellt, ohne Rücksicht auf dessen Bedürfnisse und das psychische Wohlbefinden. Die Bezahlung sind eine Unterkunft und das Futter.

Rechte stehen dem Hund nicht zu, da er nur ein *hundlicher Angestellter* ist. Er wird gehalten und behandelt wie ein Sklave!

Die Schäferhündin geht selbständig zum Milchbauern.

Zunächst kletterte der Hund auf den Baum, um in meiner Nähe zu sein, jetzt klettert er hinauf, weil es ihm Spaß macht (Deutsch-Langhaarhündin, 3 Jahre).

Der Hund als Partner

Ich glaube, den richtigen Zugang zu unserem Hund bekommen wir, wenn wir ihn als echten Partner *achten.* Dabei ist es unwichtig, welche Aufgaben wir mit ihm zusammen bewältigen wollen. Mit dieser Einstellung wird es uns gelingen, seine Bedürfnisse zu erkennen, zu respektieren, seine Verhaltensweisen richtig zu interpretieren und unser Verhalten so eindeutig zu zeigen, daß er uns verstehen kann.

Gelungen ist uns die Verständigung, wenn auch der Hund uns wie einem echten Partner vertraut. Unbefangen und freudig wird er mit uns umgehen und seine Spielregeln, die für unsere Partnerschaft unerläßlich sind, einhalten. Wer freut sich nicht, wenn er erkennt, daß sein Hund Gewohnheiten seines »Freundes« erkannt hat und folgerichtig bestimmtes Verhalten von selbst zeigt.

Ist es nicht schön, wenn uns der Hund z.B. die Hausschuhe holt, wenn wir nach Hause kommen, oder seine Leine bringt, um mitzuteilen, daß ein Spaziergang für beide jetzt sehr angebracht sei. Jedesmal amüsiere ich mich, wenn mir meine Schäferhündin die Milchkanne aus der Hand nimmt, um alleine zum Bauern zum Milchholen zu gehen, oder wenn meine Deutsch-Langhaarhündin auf den Apfelbaum klettert, um nachzusehen, was ich dort oben treibe.

Einmal war ich mit meiner vier Monate alten Schäferhündin auf einer großen, ungemähten Wiese und spielte mit ihr. Als ich zum Auto ging, bemerkte ich, daß ich meinen Schlüssel während des Spieles verloren hatte. Verzweifelt suchte ich ihn im tiefen Gras und beachtete meinen Hund natürlich nicht. Plötzlich kam die kleine Hündin mit dem Schlüssel im Fang zu mir gelaufen. Sie hatte ihn sicherlich zufällig gefunden und brachte mir nun freudig ihre Beute.

Der Hund spricht mit seinem »Freund« Mensch: Eurasier, 1 Jahr.

Die Anpassung des Menschen an das Auffassungsvermögen des Hundes

Wie wir herausgefunden haben, sind wir für den Hund kein Artgenosse. Trotzdem »spricht« er mit uns wie mit einem Artgenossen.

Wir Menschen jedoch müssen versuchen, unsere Ausdrucksmöglichkeiten seinem Auffassungsvermögen anzupassen.

Dazu wollen wir uns nochmals die wichtigsten sozialen Verhaltensweisen des Hundes vor Augen halten:

- Ein Hund gebraucht am häufigsten Verhaltensweisen, die positive Zuwendung ausdrücken.
- Ein Hund verwendet fast immer für die Einhaltung der Individualdistanz die schwächste Form der Aggression, also Drohgesten.
- Ein Hund versucht mit verschiedenen Verhaltensweisen, Aggression bei seinem Partner zu hemmen, also mit Beschwichtigungs- und Demutsgesten.
- Ein Hund zeigt dem Partner mit differenzierten Verhaltensäußerungen, wenn er sich vor ihm zu fürchten beginnt, also z. B. mit Meideverhalten.
- Ein Hund ist in der Lage, wenn er seinem Partner überlegen ist, seine eigene Aggression zu hemmen bzw. zu verhindern, und zwar durch Erstarren der Dominanzhaltung, Abschnappen mit Zielverfehlung oder Abstoppen der dominanten Bewegung kurz vor dem Ziel.
- Ein Hund flüchtet in den meisten Fällen lieber vor dem Partner, als dessen Aggression herauszufordern.
- Ein Hund drückt in seltenen Fällen und nur unter bestimmten Bedingungen, die oft hormonelle Ursachen

Die Begrüßung der jungen Border-Collie-Hündin dauert der Schäferhündin zu lange.

haben, Aggression in Form von Kämpfen aus.

Das gesamte Verhaltenssystem eines Hundes ist darauf ausgerichtet, nach Möglichkeit jede *tätliche* Aggression beim Partner zu *hemmen* und zu *verhindern.* Sogar der Hund, der Aggressionslust verspürt, zeigt aggressionshemmende Verhaltensweisen. Dies erleben wir z. B. bei Hunden, die in Dominanz zeigenden Gesten erstarren und somit nicht angreifen können, oder beim *Abschnappen* vorsichtshalber ihr Ziel verfehlen oder kurz zuvor ihre Bewegungen *abbremsen.*

Ein normaler Hund ist immer darauf bedacht, *Spielregeln,* die für das Zusammenleben in der sozialen Gemeinschaft unerläßlich sind, peinlich genau einzuhalten und Probleme friedlich zu lösen.

Wird uns Menschen in Anbetracht dieser Tatsachen bewußt, daß wir uns im Umgang mit dem Hund weder aggressiv verhalten noch Aggression provozieren dürfen?

Ist uns klar, in welcher extremen psychischen Lage sich der Hund befindet, wenn er vor uns offene Flucht zeigt? Spitzt sich die psychische Situation nicht noch mehr zu, wenn

Sie möchte nicht aggressiv reagieren, also gähnt sie als Übersprungshandlung und hemmt so ihre Aggression selbst.

sich der Hund vor uns fürchtet, aber nicht fliehen kann?

Sollten wir nicht nachdenklich werden, wenn sich der Hund in unserer Gegenwart nicht mehr sicher fühlt und Meideverhalten zeigt?

Müssen wir in solchen Situationen nicht sofort einen Weg suchen, der den Hund in sein psychisches Gleichgewicht zurückführt, damit er sich wieder wohl fühlt?

Mit diesen Überlegungen zeichnet sich der Weg zur richtigen Verständigung mit dem Hund immer deutlicher ab.

Auf diesem Weg müssen folgende Fragen geklärt werden:

- Zu welchem Zeitpunkt erklären wir dem Hund die Spielregeln?
- Welche Spielregeln soll der Hund erlernen?
- Mit welcher Methode lehren wir ihn die Spielregeln?

Müssen wir nicht nachdenklich werden, wenn der Hund vor seinem »Freund« Mensch Meideverhalten zeigt oder gar Flucht?

Zu welchem Zeitpunkt erklären wir dem Hund die Spielregeln?

Diese Frage ist schnell beantwortet. In dem Moment, in dem ein Hund in eine bestehende menschliche Gemeinschaft aufgenommen wird, beginnt die Kommunikation. Wir müssen uns daher von diesem Zeitpunkt an mit dem Hund auseinandersetzen bzw. verständigen, und ebenso muß dies der Hund mit uns Menschen tun.

Bei der Beobachtung von Welpen haben wir erlebt, wie die Mutterhündin ihren Jungen »sagt«, was sie möchte. Ebenso müssen auch wir dem Welpen sagen, was wir möchten. Die leider weit verbreitete Lehre, ein Hund dürfe erst ab dem ersten Lebensjahr etwas lernen, ist deshalb völliger Unsinn. Diese Lehrmeinung wird damit begründet, daß ein junger Hund seine unbefangene Jugend erst genießen solle. Meine Frage ist, wie soll er sie genießen?

Darf er tun und lassen, was er will, wird sich bei einem gesunden, lebhaften Hund das Zusammenleben in der menschlichen Gemeinschaft problematisch gestalten. Der junge Hund hat keine menschlichen Maßstäbe und wird alle interessanten Dinge nach hundlicher Art behandeln. Zudem wird er sich viele Verhaltensweisen angewöhnen, die im Welpenalter noch *niedlich* sind, im Erwachsenenalter aber nicht mehr geduldet werden können. Warum soll der Welpe im Jugendalter erst falsche Spielregeln erlernen, wenn sie ihm später wieder mühsam abgewöhnt werden müssen?

Möchte der Mensch seinen Lebensraum von so einem lebensfrohen Welpen nicht so hundlich behandelt haben, wird er ihn aus seinem Lebensbereich *aus*sperren und ihn in einem Zwinger *ein*sperren. Dann ist er vor den lebensfrohen, übermütigen Handlungen seines Hundes sicher. Er braucht sich nicht mehr mit ihm auseinanderzusetzen. Es wird nicht sehr lange dauern, bis der Hund seine Lebensfreude verliert und resignierend seine wertvolle Jugendzeit *absitzt.* Als psychisches Wrack *darf* er dann schließlich über die Angst vor der Strafe etwas lernen!

Beides, dem Welpen keine Grenzen zu setzen sowie ihn aus der Gemeinschaft auszuschließen, sind »asoziale« Verhaltensweisen des Menschen dem Hund gegenüber. Der Hund wird psychisch unterentwickelt bleiben und in jedem Falle Fehlverhalten zeigen.

1. Beispiel:

Eines Tages wurde ich von einem Dackelzüchter zu Rate gezogen. Er hatte einen von ihm gezüchteten Hund im Alter von zwölf Wochen an einen älteren Herren abgegeben. Nach zwei Jahren brachte dieser ihn in eine Tierarztpraxis zum Einschläfern, weil er wie ein Besessener biß.

Da ich wußte, wie gut dieser Hund von seinem Züchter aufgezogen worden war, entschloß ich mich, den Dackel zumindest zur Feststellung der Ursachen für die Aggression zu mir zu nehmen, um eine mögliche Therapie anzuschließen.

Der Hund zeigte zunächst keine Aggression. Er war zutraulich und anhänglich. So vermittelte ich ihn und bekam ihn nach sieben Tagen zurück mit der Begründung: »Der Hund beißt, wenn er unter dem Tisch liegt oder auf dem Sofa schläft und jemand vorbeigeht. Möchte man sich auf das Sofa setzen, so hat man keine Chance, da er diese gemütliche Sitzgelegenheit wie eine Bestie verteidigt.«

Ich nahm also den Dackel wieder zurück und erlebte nun erstmalig auch die Aggression dieses Hundes. Der Hund lag in meinem Auto auf dem Sitz. Als ich zum Auto kam und den Hund, der mich anwedelte, streicheln wollte, stand er unvermittelt vor mir wie eine Bestie mit dem Ausdruck: »Greifst du mich an, zerlege ich dich!« Für einen Augenblick überlegte ich und befahl mit sehr bestimmtem Ton, daß er sofort von meinem Sitz herunterzugehen und am Boden des Beifahrersitzes zu liegen habe. Dies hatte ich von Anfang an von ihm gefordert. Er hatte auch immer gehorcht und saß auf seiner Decke auf dem für ihn bestimmten Platz.

Jetzt, als ich dies so bestimmt forderte, war er wohl ganz perplex, und zu meiner Erleichterung gehorchte er. Ich ließ ihn aus dem Auto, legte eine Leine an und setzte ihn wieder in den Wagen. Nach einer Weile kam ich zurück. Der Dackel lag wieder auf meinem Sitz. Unbefangen nahm ich zunächst einmal die Leine in die eine Hand, und dann zeigte ich meine Absicht, ihn zu streicheln. Unversehens hatte ich wieder ein kleines Ungeheuer vor mir. Jetzt hatte ich aber eine Möglichkeit, mit ihm zu sprechen. Ich holte ihn mit der Leine zu mir, erklärte ihm laut, aber freundlich, daß ich mich nicht von ihm einschüchtern ließe und in mein Auto ginge, wann ich es wolle. Noch einmal wiederholte ich die gleiche Situation. Nach der dritten Übung konnte ich den Hund ohne weiteres auf meinem Autositz streicheln.

Nach dieser Lektion, die offensichtlich zur Klarlegung der Rangordnung zwischen dem Hund und mir notwendig war, begann ich, dem Tier die Vokabel »Sitz!« zu erklären. Der Hund lernte schnell, aber er wollte das Gelernte nicht immer ausführen. Dabei entdeckte ich, daß der Dackel nervlich nicht sehr stark belastbar war. Er fühlte sich bei der Sitzübung sehr schnell bedroht, wurde unsicher und begann mit gefletschten Zähnen zurückzudrohen.

Da ich dies erkannte, war ich bei meinen Übungen sehr darauf bedacht, den Hund nie in eine Verteidigungssituation zu bringen. Ich sah sehr schnell, wann der Hund unsicher wurde. Die Pupillen wurden groß und begannen zu funkeln. Bei diesem Anzeichen lenkte ich das Tier mit einem kurzen Spiel ab, so daß es sich psychisch wieder erholen konnte. Allerdings ließ ich nie zu, daß sich der Hund aus dem Staub machen konnte. Wenn gespielt wurde, taten wir dies gemeinsam.

So lernte der Hund allmählich, sich mit mir positiv zu beschäftigen und sich mir zuzuwenden. Damit wuchs einerseits seine psychische Sicherheit und das Vertrauen zu mir. Andererseits lernte der Hund, Hörzeichen, die ich ihm gab, auszuführen. Wie aus Versehen begann er dabei, sich unterzuordnen und mich zu respektieren. Sowie er diese Grundlagen verstanden hatte, konnte ich ihn für seine jagdlichen Aufgaben vorbereiten, die er für die Bodenjagd beherrschen mußte. Dies war ohne Schwierigkeiten zu erreichen, da der Dackel über das Lernen von Aufgaben, also über die Beschäftigung, psychisch immer ausgeglichener und schließlich ein sehr erfreulicher Begleiter für seinen neuen Besitzer wurde, der ihn regelmäßig zur Jagd mitnahm.

Das Problem, das bei diesem Hund vorlag, war das Fehlen einer geordneten Sozialstruktur. Der Hund wurde von seinem Besitzer geliebt und verwöhnt. Dabei versäumte er, ihn Spielregeln zu lehren. Somit zeigte der kleine Dackel seinem »Freund« die Spielregeln, wie er sie in den ersten drei Lebensmonaten unter seinesgleichen gelernt hatte. Ist ein Mensch von seinem Hund ein- oder mehrmals »zurechtgewiesen« worden, entsteht oft Unsicherheit und schließlich Angst vor dem eigenen Hund. Das erkennt der Hund und übernimmt die Führungsrolle über den Menschen.

Bemerkenswert dabei ist, daß ein Hund, der keine Spielregeln lernen konnte und die führende Rolle über den Menschen übernommen hat, sich trotzdem psychisch nicht wohlfühlt. Es fehlen dem Hund die »Grenzsteine«, so daß er die Grenzen, die er in jeder Hundegemeinschaft vorfindet, geradezu sucht. Findet er sie beim Menschen nicht, ist er verunsichert und nicht in der Lage, seine Überlegenheit dem Partner Mensch fein abgestuft und differenziert zu zeigen.

2. Beispiel:

Mit zwei gleich alten Schäferhunden ergab sich die Möglichkeit einer Vergleichsstudie.

Der eine Schäferhund wurde – leider konnte ich darauf keinen Einfluß nehmen – ab der achten Lebenswoche in »Einzelhaft« im Zwinger großgezogen. Er durfte dort seine Jugend »genießen«.

Der andere Schäferhund wurde bei mir in meiner Familien- und Hundegemeinschaft ohne Isolation aufgezogen.

Mein Hund lernte bereits als Welpe und Junghund bestimmte Hörzeichen wie »Sitz!«, »Leg dich!«, »Bleib!« oder, mir verlorene Gegenstände zu bringen und bei mir an der Leine zu gehen, ohne zu ziehen.

Der andere Hund blieb »roh« und wurde im Alter von einem Jahr für den Hundesport über die Angst vor dem schmerzenden Stachelhalsband und anderen Methoden ausgebildet. Dies blieb für den Hund die einzige Kommunikationsmöglichkeit mit seinem menschlichen »Freund«! Ansonsten saß er im Zwinger.

Im Alter von zwei Jahren leisteten beide Hunde die Unterordnung, die für die Schutzhundeprüfung im Deutschen Schäferhundeverein verlangt wird. Beide Hunde erfüllten alle Aufgaben richtig. Trotzdem fiel das Ergebnis für meinen Hund viel schlechter aus als für den anderen. Mein Hund führte das Geforderte nicht so zügig wie der andere aus und ließ sich z. B. von einem Vogel kurzfristig ablenken.

Nach weiteren zwei Jahren taugte der Zwingerhund nichts mehr, da er sich weigerte, manche von ihm geforderten Übungen auszuführen, und wurde verkauft. Mein Hund dagegen zeigte in diesem Alter ganz hervorragende Leistungen als Suchhund und führte seine Unterordnung noch immer freudig aus. Es hatte sich bewährt, sich so frühzeitig mit dem Hund zu beschäftigen.

Wie ist dieses Ergebnis zu interpretieren?

Es ist völlig einsichtig, daß ein Hund, der außer seinem Zwinger nichts um sich herum kennt, sich auch bei Übungen nicht ablenken läßt. Ein solcher Hund ist froh, sozialen Kontakt aufnehmen zu können, so daß er zumindest kurzfristig psychisch gar nicht in der Lage ist, etwas anderes wahrzunehmen als seinen »Freund« Mensch.

Mein Hund dagegen, der alles kannte, ließ sich auch während der Übungen von besonders interessanten Dingen ablenken. Das Führen eines solchen Hundes erfordert von seinem Hundeführer ein hohes Maß an Einfühlungsvermögen. Er muß ständig dafür sorgen, für den Hund immer wichtiger zu sein als die interessanten Ablenkungen von außen.

Das Ergebnis nach vier Jahren macht deutlich, wie die psychische Kraft des isoliert gehaltenen Hundes aufgebraucht worden war. Der Hund konnte nicht einmal mehr aus Angst seine Leistungen erbringen.

Wurden solche Hunde dann weiterverkauft, kamen die neuen Hundebesitzer häufig zu mir, da sie große Probleme mit ihnen hatten. Meistens zeigten sich die Hunde im Umgang mit dem Menschen sehr ängstlich und freudlos. Dem Artgenossen gegenüber aber waren sie oft ausgesprochen aggressiv.

Die Therapie für diese Hunde versprach Erfolg, wenn die Hunde etwa ein halbes Jahr lang sich psychisch erholen durften. Es durfte kein Zwang ausgeübt und kein Schmerz am Hals zugefügt werden. Der Hund mußte mit ruhiger und leiser Stimme geführt werden und sehr viel positive Zuwendung erhalten. Nach dieser Behandlungszeit begannen die Hunde im allgemeinen wieder zu »leben«. Sie fingen zu spielen an und suchten von sich aus den Kontakt zum Menschen.

Welche Spielregeln soll der Hund lernen?

Die zweite Frage, welche Spielregeln zwischen dem Menschen und dem Hund eingehalten werden müssen, hängt davon ab, welche Spielregeln für den einzelnen Hundehalter wichtig sind. Eines steht jedoch außer Frage: Wir tragen als Hundehalter volle Verantwortung unseren Mitmenschen gegenüber. Diese dürfen weder durch unsere Hunde belästigt werden noch persönlich zu Schaden kommen.

Das bedeutet im einzelnen:

- Unser Hund darf fremde Personen nicht belästigen. Er darf sie nicht erschrecken, nicht anspringen, nicht verbellen, zwicken oder gar beißen.
- Jogger, Radfahrer und Autofahrer dürfen nicht gejagt und verfolgt werden.
- Die Bürgersteige und Vorgärten unserer Mitmenschen dürfen (auch wenn es keiner sieht!) nicht verunreinigt werden.
- Die Haustiere unserer Mitmenschen dürfen von unseren Hunden weder gejagt noch verfolgt oder gar getötet werden.
- Jede Art von Wild darf von unseren Hunden weder gehetzt noch verfolgt werden. Auch die Hunde von Jägern haben nicht unkontrolliert am Wild zu »arbeiten«!

Wir wollen uns nochmals in Erinnerung rufen, daß der Hund den Menschen nicht für einen Artgenossen hält, ihn aber wie einen Artgenossen *behandelt.* Daher verwendet er seine arteigenen Verhaltensweisen auch für den Menschen. Ein Hund, der sich korrekt und richtig mit anderen Hunden verständigt, kann sich dem Menschen gegenüber außerordentlich *unkorrekt* verhalten. Dies gilt auch für den umgekehrten Fall. Ein Hund, der sich dem Menschen gegenüber korrekt verhält, kann sich ausgesprochen asozial seinen Artgenossen gegenüber zeigen.

Das richtige Verhalten eines Hundes hängt davon ab, ob er als Welpe im Anfangsstadium der Eroberung der Umwelt Gelegenheit hatte, beide Systeme, die Beziehungen zwischen ihm und seinen Artgenossen wie auch zwischen ihm und dem Menschen, zu entwickeln.

Am Beispiel der Futterverteidigung können wir sehr gut die beiden Beziehungssysteme erkennen:

Welpen untereinander geben ihre Beute nicht ab, sondern sie kämpfen ab einem bestimmten Alter hart darum. Gelingt es einem Welpen, die Beute für sich zu bekommen, verteidigt er sie gegen die Geschwister.

Kommt ein erwachsener Hund zu einem fressenden Welpen, der die Beute für sich beansprucht, so genügt im allgemeinen ein kurzes Knurren des erwachsenen Hundes. Sofort läßt der kleine Hund seine Beute liegen und entfernt sich. Genügt dies nicht, so wird eine stärkere Drohgebärde verwendet, damit der Welpe sich fügt und die Beute dem fordernden, erwachsenen Hund überläßt.

Ein Welpe, der gelernt hat, seine Beute auf Wunsch dem überlegenen Artgenossen zu überlassen, wird nie auf die Idee kommen, dem *Menschen* die Beute freiwillig zu geben. Er muß genauso wie vorher bei seinem Artgenossen lernen, auch dem Menschen, wenn dieser das möchte, die Beute zu überlassen.

Ein Beispiel:

Ich gab jeweils einem meiner Welpen, vorausgesetzt ich konnte Futterverteidigung unter den jungen Hunden beobachten, ein schönes großes Stück rohes Rindfleisch und wartete darauf, daß der junge Hund sich mit seiner Beute zurückzog, um sie zu fressen. Sobald er genüßlich daran kaute, näherte ich mich ihm. Sowie er mich wahrnahm, stellte er sich über seine Beute, funkelte mich mit seinen Augen an und knurrte warnend. Ich ließ mich jedoch nicht beeindrucken, sondern ging weiter langsam auf ihn zu. War ich nahe genug und wollte nach der Beute greifen, erfolgte die Verteidigung mit einem kräftigen »Knurrabschnappen«.

Genau diesen Moment wartete ich ab, um in Blitzesschnelle den Welpen meinerseits »anzuknurren«. Dazu drückte ich meinen »Fang«, das war die linke Hand, auf den Kopf und Nacken des Welpen und beugte mich über ihn. Wurde der Hund ruhig, nahm ich, als sei nichts gewesen, die Beute ohne seinen Widerstand weg. Verblüfft sah mich der junge Hund an. Freundlich sprach ich mit ihm und forderte ihn auf, die Beute wieder zu nehmen. Nach kurzem Überreden siegte der Wunsch nach der Beute. Der Hund nahm vorsichtig das Fleisch und begann, psychisch wieder ausgeglichen, es in Ruhe zu fressen.

Diese Übung wiederholte ich am nächsten Tag. In 90 % aller Fälle überließen mir die Welpen schon beim zweiten Versuch ohne Aufforderung und aggressionslos ihre erhaltene Beute. Erst wenn ich sie aufforderte, nahmen sie sie wieder an. Die restlichen 10 % der Hunde benötigten einen zweiten Durchgang, bis sie mir ihre Beute »wortlos« und freiwillig überließen.

Offensichtlich hatten die Welpen meine »Drohgebärde« verstanden, denn sie zeigten mir jetzt ein Verhalten, das sie bei den ihnen vertrauten erwachsenen Hunden auch verwendeten.

Welche Spielregeln kann ein Züchter seinen Welpen zeigen?

Das eben beschriebene Beispiel belegt, daß sich die Beziehung zwischen Mensch und Hund entwickeln muß. Der Beginn der Kommunikation liegt auch hier – wie unter den Hunden – bereits am Anfang des Stadiums der Eroberung der Umwelt. Das heißt, daß bereits der Züchter für eine harmonische Mensch-Hund-Beziehung die Weichen bei seinen Welpen stellt.

Was kann ein Züchter tun? Das ist eine häufige Frage, die immer wieder an mich gerichtet wird. Ich glaube, ein Züchter kann unendlich viel für seine Welpen tun. Was er tut, wird von der Zielsetzung abhängen, die er mit seiner Zucht verfolgt.

Es gab mehrere Gründe, warum ich mit meiner Bearded-Collie-Hündin züchtete. Zum einen wollte ich herausfinden, aus welchem Grunde die Geräuschempfindlichkeit bei Bearded Collies häufiger zu bemerken ist als bei anderen Rassen. Dazu kam, daß es mir Freude bereitete, das Heranwachsen der kleinen Welpen zu beobachten.

Zum Ziel jedoch hatte ich mir gesetzt, die jungen Hunde so auf ihren »Beruf« als Familienhund vorzubereiten, daß die zukünftigen Besitzer meiner Welpen sich ein Leben lang an ihren neuen Familienmitgliedern freuen konnten und nicht schon ihren Problemhund bei mir teuer erkauften. Auch wollte ich, daß jeder, der einen Hund von mir übernahm, die Möglichkeit hatte, seinen Hund in bestimmten Bereichen auszubilden.

Die Stubenreinheit

Einer der wichtigsten Punkte im Zusammenleben mit dem Menschen ist, einen stubenreinen Hund zu haben. Ich konnte beobachten, daß die kleinen Welpen in dem Augenblick, als sie sich nicht mehr in pendelnden Schlangenlinien fortbewegten, sich auch schon hin und wieder ohne den Leckreiz der Mutter versäuberten. Dazu verließen sie ihre Schlafecke und verrichteten ihre Geschäfte in der gegenüberliegenden Ecke der Wurfkiste. Dies veranlaßte mich, die Wurfkiste zu vergrößern. Jetzt hatten die Welpen einen »Schlaf- und Wohnraum« mit »Versäuberungsecke«.

Im Alter von etwa 24 Tagen kamen die Jungen jedesmal, wenn ich an ihre Wurfkiste trat, an den Kistenrand und versuchten herauszuklettern. Dies nahm ich zum Anlaß, die kleinen Hunde schnell in einen Korb zu stecken und in den Garten zu tragen. Innerhalb kürzester Zeit spielte sich ein zweistündiger Rhythmus ein. Auf diese Weise lernten die Welpen problemlos, sich im Garten zu versäubern. Ganz selten wurde das Wohnzimmer mit der Versäuberungswiese verwechselt. Im Alter von nur sechs Wochen waren die Welpen *stubenrein.* Dazu kam noch ein überaus positiver Nebeneffekt: Die kleinen Hunde kamen von sich aus nur noch zum Schlafen in das Wohnzimmer. Den Garten hatten sie sich als Spiel-, Tobe- und Versäuberungsplatz auserkoren.

Keiner der neuen Besitzer hatte mit seinem Welpen je Probleme mit der Sauberkeit der Hunde. Ebenso wurde die Wohnung der neuen Hundeführer vorwiegend als Schlafplatz angesehen, so daß das *Zerlegen* der Wohnung wegfiel.

Ein verzweifelter Hundebesitzer trat an mich heran, weil sein acht Monate alter Hund noch immer nicht stubenrein war. Es war Sommer, und der Hund ging regelrecht in das Haus hinein, um sich zu versäubern. Ich erfuhr bei der Vorgeschichte, daß es sich um einen Hund handelte, der sehr liebevoll beim Züchter großgezogen worden war. Zu dem Zeitpunkt aber, als die Welpen zwischen vier und acht Wochen alt waren, hatte es einen sehr kalten Winter gegeben. Daher durften sich die kleinen Welpen, die sich im ganzen

Haus frei bewegten, auf Zeitungspapier im Haus versäubern. Die Hunde hatten zwar ungewollt, aber doch tief sitzend gelernt, das Haus als Toilette zu benutzen. Hier lag also die Ursache für das Mißverständnis.

Dies ist zugleich ein Hinweis darauf, daß man seine Welpen nicht darauf trainieren sollte, sich zunächst im Haus auf Zeitungspapier zu versäubern. Das Abtrainieren ist schwierig und der Erfolg nur unvollständig. Die jungen Hunde vergessen später immer wieder, daß die Wohnräume für diese Zwecke nicht gedacht sind. Wir erinnern uns an die prägenden Lernvorgänge in diesem Alter. Wenige Erfahrungen genügen, um einen Lernvorgang unvergeßlich zu machen. Der eben beschriebene Fall ist ein Zeugnis dafür.

Die Futterversorgung

Meine Welpen fütterte ich so abwechslungsreich wie möglich, um zu verhindern, daß die Hunde im Futter später wählerisch werden oder Futterunverträglichkeiten auftreten, da zu einseitig gefüttert wurde. Sie bekamen Quark, Obst, Käse, Rindfleisch, gekochten Fisch, gekochtes Hühnchen, Fertigfutter für Welpen, wobei ich Trockenfutter immer erst einweichte, damit dem Körper der Welpen nicht ständig große Mengen von Flüssigkeit entzogen werden. (Über die Aufnahme von großen Trinkmengen müssen die Welpen den Flüssigkeitsverlust wieder regulieren.)

Dies sind nur einige Futtervorschläge. Wichtig ist die *Vielseitigkeit* des Futters.

Da Welpen bis zur Abgabe an den neuen Besitzer immer alles gemeinsam unternehmen, ist die Umstellung vom Züchter auf das neue Zuhause besonders gravierend. Abrupt werden sie aus ihrem Hundeverband herausgerissen und sollen sich nun sofort umstellen und sich dabei auch noch wohl fühlen. Um dieses psychische Trauma so gering wie möglich zu halten, fütterte ich meine Welpen, solange sie noch alle bei mir waren, hin und wieder abwechselnd einzeln. Sie sollten lernen, auch ohne die Geschwister ihr Futter anzunehmen.

Oft, so glaube ich, liegt die Ursache für die *schlechten Fresser* darin, daß dem Welpen die Geschwister am Futternapf fehlen. Der neue Besitzer wird sich deshalb äußerst besorgt beim Füttern um seinen Hund bemühen. Schon lernt der Welpe: »Nicht fressen gibt positive Zuwendung«.

Wir wollen nicht vergessen, daß schon der Züchter die Futterverteidigung des Welpen gegen den Menschen regulieren kann. Verteidigt ein Welpe seine Beute, so wissen wir, daß er sich psychisch völlig normal entwickelt. Er muß nur lernen, gegen *wen* er sie verteidigen darf.

Die Gewöhnung an das Autofahren

In der heutigen Zeit ist es undenkbar, daß ein Hund das Autofahren nicht verträgt. Daher kommen Hundebesitzer oft mit diesem Problem zu mir. Die Hunde speicheln, sind unruhig und schließlich erbrechen sie im Auto. Aus diesem Grunde weigern sich die Hunde häufig einzusteigen. Sie verbinden Unangenehmes mit dem Auto.

Wie kommt die Angst vor dem Autofahren zustande? Meistens macht der Hund seine erste Autoerfahrung mit acht Wochen, wenn der neue Besitzer seinen Hund vom

Lustgetöntes Autofahren! So jedoch sollte es nicht gelernt werden.

Züchter abholt. Hier können wir bereits zwei Ursachen für die Angst herausfinden. Einmal sind Hunde besonders empfindlich beim Autofahren, wenn sie als Welpen nie vom Züchter auf den Arm genommen worden sind. Damit konnten die Tiere nie Erfahrungen mit passiven Bewegungen machen. Das Gleichgewichtsorgan der Hunde konnte sich also nicht auf diese *unnatürliche* Art der Bewegung einstellen.

Zum anderen werden die Welpen aus ihrem vertrauten Familienleben einfach herausgerissen und in eine neue Umgebung verpflanzt. Im allgemeinen ist die erste Fahrt etwas strapaziös, so daß der Hundeführer zunächst diese unangenehmen Erfahrungen seinem Welpen ersparen möchte. Er nimmt ihn erst wieder im Auto mit, wenn der erste Tierarztbesuch angesagt ist. Nun verfestigt sich die schlechte Erinnerung auch noch, denn beim Tierarzt wird geimpft oder etwas anderes für den Hund Unangenehmes getan. Auf diese Weise ist das Negativtraining vollständig geglückt.

Um solchen Problemen vorzubeugen, nahm ich meine Welpen, selbstverständlich wieder einzeln, im Auto mit. Ich legte auf den Boden vor dem Beifahrersitz eine dem Hund bekannte Decke und setzte ihn darauf. Dann setzte ich mich auf den Fahrersitz und beschäftigte mich mit dem jungen Hund, ohne zu fahren. Es dauerte nicht lange, so legte sich der Hund zur Ruhe.

Bei der nächsten Übung ließ ich, war der Hund ruhig und zufrieden, den Motor an, ohne anzufahren. Beim dritten Durchgang fuhr ich ein kleines Stück. Auf diese Weise hatten weder ich noch die neuen Besitzer mit den Hunden Autofahrprobleme.

Drei meiner Welpen fuhr ich sogar im Alter von acht Wochen 250 km zu ihren neuen Besitzern. Ich brauchte keinen Beifahrer, der mir die Kleinen in Schach halten mußte. Sie kannten das Auto und hatten gelernt, sich auf ihrer Decke auf dem Boden des Beifahrersitzes ruhig zu verhalten. Somit verschliefen sie die gesamte Fahrzeit.

Die Pflege der Welpen

Viele meiner Bemühungen zielten darauf hin, meinen Welpen den Bruch mit ihrer gewohnten Gemeinschaft zu erleichtern. Je weniger sie trauerten, um so vertrauensvoller konnten sie ihre Beziehung zu ihrem neuen Besitzer aufbauen. Daher nahm ich sie – wie schon bei der Fütterung – täglich einzeln aus ihrer Geschwistergruppe heraus und beschäftigte mich individuell jeweils mit einem Welpen.

Zunächst war so ein einzelner Welpe gar nicht erfreut, sich allein mit mir beschäftigen zu müssen. Es fehlten ihm die Geschwister. Nach kurzer Zeit lernte er jedoch, auch mich als Spielfreund anzuerkennen.

Alsbald begann ich, mir zu erlauben, die Augen, Ohren und Zähne der Welpen zu untersuchen. Dazu stellte ich sie auf einen Tisch. Sie wurden gebürstet und gekämmt, obgleich dies noch gar nicht nötig war. Sie sollten sich an diese Handlungen gewöhnen, damit später z. B. der Tierarzt die Hunde ohne Maulkorb untersuchen konnte und sie dazu nicht in Narkose legen mußte. Natürlich wehrten sich die Welpen, denn derartige Untersuchungen und Pflegemaßnahmen sind sicher nicht in ihrem genetischen Programm festgelegt; für das Zusammenleben mit dem Menschen sind sie aber zwingend erforderlich.

Wehrten sich die Tiere, wartete ich ab, bis sie sich beruhigten, um mit der Handlung fortzufahren. Bald hatten alle Welpen gelernt, sich diese Art der Behandlung gefallen zu lassen. Ein Welpe versuchte später bei seinem neuen Besitzer, sich gegen solche körperlichen Kontakte zu widersetzen. Er hatte offensichtlich bei den ersten Ansätzen, sich zu wehren, Erfolg gehabt. Allmählich stellte sich der Hund immer heftiger gegen seinen Besitzer, wenn er ihn pflegen wollte. Der Hundeführer rief mich zur Hilfe. Als ich diesen Hund auf den Tisch setzte, um ihn zu bürsten, erlebte ich eine wild um sich schnappende Furie, die mir zum Ausdruck bringen wollte, daß ich solche unhundlichen Maßnahmen zu unterlassen habe. Mit Ruhe und unbeeindruckt fuhr ich mit meiner Tätigkeit fort. Der Hund hatte bereits Routine im drohenden Abwehren und versuchte weiterhin, mich mit Schnappen los zu werden.

Ich mußte also die Drohgebärden des Hundes verstehen und einen Weg finden, um mich mit meinen menschlichen Ausdrucksmöglichkeiten dem Hund verständlich zu machen. Dabei versuchte ich, die drei für mich deutlichen Abstufungen der hundlichen Drohungen beizubehalten:

1. Stufe: Sie knurren *oder* ziehen die Lefzen hoch.

2. Stufe: Sie knurren *und* ziehen die Lefzen hoch.

3. Stufe: Sie knurren, ziehen die Lefzen hoch *und* schnappen ab.

Das Problem in der Verständigung zwischen Mensch und Hund liegt darin, daß wir Menschen in unserer Gesichtsmimik zu wenig Möglichkeiten haben, den Hund überzeugend anzudrohen, um ihn damit zu regulieren. Der Mensch kann die körperliche Distanz, die über die Drohgebärden des Hundes bewirkt wird, nicht immer wahren, so daß er den Hund

Muß das sein?

doch körperlich berührt und damit mehr Aggression zeigt, als dies unter den Hunden üblich ist. Aus diesem Grund müssen wir Menschen uns bei jeder negativen Zuwendung zu unserem Hund sehr reiflich überlegen, ob ein negatives körperliches Eingreifen, das für den Hund keine Drohgebärde, sondern ein Kampfverhalten darstellt, nicht zu umgehen ist.

Bei meinen Überlegungen kam ich zu folgenden drei Abstufungen in meinem Verhalten, das die Hunde verstanden, obgleich ich die für den Hund nötige Körperdistanz nicht einhielt.

Die Drohgebärden, in die menschliche Sprache übersetzt

- Lefzen hochziehen *oder* knurren:
  Hier soll der Hund verstehen, daß er bei dem Hörzeichen »nein!« etwas zu unterlassen hat. Dazu umfasse ich von oben den Fang des Hundes und verharre. Ich ziehe sozusagen die Lefzen hoch bzw. ich knurre. Wenn sich der Hund fügt, nehme ich meine Hand vom Fang. Dies ist ein Zeichen dafür, daß der Hund die Geste verstanden hat. Fügt er sich nicht, wiederhole ich meine Maßnahme, immer verbunden mit dem Hörzeichen »nein!«
- Lefzen hochziehen *und* knurren:
  Erziele ich mit dem Schnauzengriff keinen Erfolg, so müssen meine Drohgebärden deutlicher werden. Sie sollen genauso wie das Lefzen Hochziehen *und* Knurren des Hundes verstanden werden. Dabei fasse ich den Hund rechts und links an seinen Backen und ziehe ihn ein bißchen zu meinem Gesicht hin, so daß wir uns Auge um Auge gegenüberstehen. Ganz ruhig, aber bestimmt, sage ich ihm, daß sein Zähne zeigen und knurren mir gegenüber nicht in Ordnung ist. In den meisten Fällen zeigen die Hunde, daß sie verstanden haben: Sie entspannen sich und lassen den Menschen gewähren.
- Lefzen hochziehen, knurren und abschnappen:
  In ganz seltenen Fällen akzeptieren die Hunde meine Autorität erst, wenn ich, bildlich gesprochen, die *Lefzen* hochziehe, *knurre* und sie *abschnappe.* Ich greife den Hund dazu mit beiden Händen im Fell am Nacken und Becken und hebe ihn hoch. Damit verliert er den Boden unter den Füßen. Für kurze Zeit halte ich ihn ruhig in dieser Position (Erstarren der Dominanzhaltung!). Danach stelle ich ihn wieder auf die Füße. Dies beeindruckt die Hunde ungewöhnlich stark, so daß sie spätestens jetzt zum Ausdruck bringen: »Ich habe verstanden.«

Der kleine Bearded Collie in unserem Beispiel wollte die ersten beiden Drohgebärden nicht akzeptieren. Er hatte sich ja bis jetzt fabelhaft durchgesetzt. Erst als ich ihn sozusagen *abschnappte,* also ihm den Boden unter den Füßen wegnahm, reagierte er. Schlagartig fügte er sich und ließ sich fortan ohne Probleme pflegen. In diesem Fall hatte der Hund so gut verstanden, daß er nun auch seinen Besitzer respektierte.

Weil ich nicht knurren oder die Lefzen hochziehen kann, umfasse ich von oben den Fang des Hundes und verharre. Wenn sich der Hund fügt, nehme ich meine Hand wieder vom Fang. (Beide Fotos: K. Feltmann)

Welche Spielregeln soll der neue Hundebesitzer seinem Hund zeigen?

Der Züchter kann und sollte den Grundstock für das Zusammenleben mit dem Hund legen. Der neue Hundeführer jedoch muß den Weg weitergehen. Wie wir gesehen haben, möchte der Welpe wissen, ob sein neuer »Freund« auch versteht, mit ihm verständnisvoll, aber doch *unmißverständlich* umzugehen.

Bei der Übernahme des Welpen wird der oft noch unerfahrene Hundeführer nicht so recht wissen, wie er mit seinem Welpen umgehen soll, obwohl er sich bemüht hat, sich gut auf seinen neuen »Freund« vorzubereiten.

Wesentlich dabei ist, daß er sich mit dem Welpen gleich »richtig« beschäftigt und keine Handlungen hinnimmt, die er ihm später wieder mühsam abgewöhnen muß.

Der neue Hundebesitzer sollte die ersten drei Monate sehr viel Zeit für seinen Hundefreund verwenden, denn, wie wir wissen, gilt das Stadium der Eroberung der Umwelt als die lernfreudigste Zeit. Was der Hund in diesem Lebensabschnitt gelernt hat, wird er nicht mehr vergessen. Es bleibt alles im Gedächtnis, sowohl die gewünschten als auch die unerwünschten Handlungen.

Da jeder Hundeführer die Spielregeln kennt, die für ihn und seinen Hund gelten, ergibt sich ganz von selbst, was ein Hund im Zusammenleben mit seinen Mitmenschen lernen und beherrschen muß. Er muß auf bestimmte gegebene Hörzeichen reagieren, sie verstehen und zuverlässig ausführen.

Eine kleine Übersicht klärt die Bedeutung der **Hörzeichen**, die für dieses Ziel wichtig sind:

»Hier!«	Herankommen des Hundes und Ruhestellung (entweder sitzend oder liegend)
»Komm!«	Herankommen und kurzer Streichelkontakt
Anruf mit Namen des Hundes	»Paß auf! Ich möchte mit dir sprechen!« Z. B.: »Paß auf, ich gehe in eine andere Richtung, kehr um und komme mir nach.«
»Weiter!«	Der Hund soll in der Richtung des Hundeführers mitkommen und nicht zurückbleiben.
»Steh!«	Stehen
»Sitz!«	Sitzen
»Platz!«	Legen und abrufbereit sein
»Leg dich!«	Beim Ablegen neben einem Gegenstand: *nicht* abrufbar! Nach dem Hörzeichen »Leg dich!« darf der Hund nicht abgerufen werden. Er muß über »Sitz!« vom Liegen wieder aufgelöst werden.
»Bleib!«	Der Hund muß die Stellung beibehalten, in der er sich befindet. Das kann sitzen, stehen oder liegen sein.
»Lauf!«	Der Hund darf sich nach Lust und Laune bewegen.

»Bei mir!«	Der Hund muß rechts oder links neben dem Hundeführer gehen. Er sollte nicht herumschnuppern, sondern auf den Hundeführer konzentriert sein.
»Schluß!«	Das Spiel, das der Hundeführer mit dem Hund zusammen durchführt, wird beendet.
»Pfui!«	Der Hund darf nichts vom Boden aufnehmen und fressen.
»Gib's her!«	Der Hund muß das hergeben, was er gerade im Fang hat.
»Laß das!«	Der Hund soll sich mit etwas Bestimmtem nicht beschäftigen.

Der Schäferhund verhält sich an der Leine ungehörig. (Foto: K. Feltmann)

Der Hundeführer erklärt dem Hund mit dem »Schnauzengriff«, wie »unschön« sein Verhalten ist. (Foto: K. Feltmann)

Der Hund ist wieder bereit, mit seinem Hundeführer zu »sprechen«. (Foto: K. Feltmann)

Trotz der Ablenkung bleibt der Hund an dem ihm zugewiesenen Platz sitzen. (Foto: K. Feltmann)

Auf das Hörzeichen »Hier«! kommt der Hund heran. (Foto: K. Feltmann)

Für diese Leistung gibt es eine Belohnung. (Foto: K. Feltmann)

Nun wird es sich zeigen, ob der Hund das Hörzeichen »Bei mir!« trotz der Ablenkung ausführt. (Foto: K. Feltmann)

Der Hund hat verstanden, was sein »Freund« Mensch von ihm wollte. (Foto: K. Feltmann)

Auf welche Weise lernt ein Hund die Spielregeln?

Das oberste Gesetz, um einen Hund in die Spielregeln einzuweisen, ist die **wohlwollende Konsequenz!**

Dabei spielt es keine Rolle, welcher Rasse der Hund angehört. Dieses Gesetz gilt also für *jede* Hunderasse. Es ist für uns eine Leitlinie, nach der wir uns bei allem richten, was wir mit unserem Hundefreund auch erreichen wollen. Damit werden wir immer zum Ziel kommen. Diese Leitlinie veranlaßt uns auch, darüber nachzudenken, wie wir uns dem Hund verständlich machen können, ohne ihn körperlich zu gängeln, ihm Schmerzen zuzufügen und ihn damit zu quälen.

Das Ziel der Verständigung des Menschen mit dem Hund ist, ihn mit dem gesprochenen Wort oder mit Körperzeichen zu führen. Er soll dabei psychisch positiv gestimmt sein und sich körperlich nicht bedrängt fühlen.

Wie oft erlebe ich größte Hilflosigkeit, wenn ich einem Hundeführer die Leine aus der Hand nehme und ihn bitte, er möge seinen Hund mit dem Wort und seiner Körperbewegung zu bestimmten Handlungen veranlassen. Der Hundeführer ist völlig ratlos, wenn er seinen Hund nicht an der Leine gängeln kann. Gewohnheitsmäßig wird der Hund ständig über die Leine korrigiert, erfährt aber nie, warum. Manchmal soll er nicht ziehen, manchmal nicht herumschnüffeln, manchmal soll er ruhig sitzen und vieles andere mehr. Der Hund weiß nicht, was das *Leinenrucken* bedeutet, da es für alle Einschränkungen benützt wird. Das einzige, was der Hund lernt, ist, die Leine als unangenehm zu empfinden.

Erst wenn der Hundeführer keine Leine mehr in der Hand hält, wird ihm bewußt, daß er seinem Hund noch nie deutlich verständlich gesagt hat, welche Handlung er von ihm möchte.

Zur wohlwollenden Konsequenz gehört es, ohne das Mittel der Angst zu arbeiten. Benützen wir z. B. das viel gepriesene »Erziehungshalsband«, das nichts anderes als ein Stachelhalsband oder die »Koralle« bei den Jägern ist (auch hier wird der unbedarfte Hundeführer verdummt!), so arbeiten wir über den Schmerz, und zwar fügen wir unserem Hund bewußt Schmerzen zu. Damit wollen wir erreichen, daß der Hund aus Angst vor dem Schmerz bestimmte Aufgaben erlernt und ausführt. Auf diese Weise wird er das von ihm Geforderte aber nur aus Angst und nie mit Freude ausführen.

Er befindet sich in einer negativ getönten Dauerspannung, also im Streß. Als Reaktion darauf werden – manchmal Jahre später – Krankheiten, Aggression oder Resignation auftreten. Wie der Hund reagiert, hängt von seiner psychischen Konstellation ab. Ein psychisch nicht stabiler Hund wird durchaus Lernerfolge bei körperlicher Schmerzeinwirkung zeigen. Es fragt sich nur, für welchen *Zeitraum.* Ein psychisch stabiler Hund zeigt unzuverlässige oder keine Lernerfolge. Diese Hunde nehmen den Schmerz in Kauf, um ihre eigenen Ziele trotzdem zu erreichen. Manche *rächen* sich an ihren Hundeführern und greifen sie selbst oder andere Menschen bei passender Gelegenheit an. Sie fügen sich oft Jahre, bis es dann zum unvermittelten Angriff kommt.

Die Hauptursache der Aggression bei Hunden liegt an der Erziehung, die über die schmerzhafte Einwirkung am Hals durchgesetzt wird.

Es fängt mit einem Stachelhalsband an, dann werden die Stacheln angeschliffen, und schließlich kommt an das Halsband ein Stromempfänger (Teletakt), damit über Stromstöße dem Hund Schmerzen zugefügt werden können. Dabei ist der Hundeführer im Glauben, der Hund *wisse*, warum er so traktiert wird. Er kann es aber gar nicht wissen. Er verbindet bestimmte Situationen mit unangenehmen bzw. schmerzhaften Reizen, so daß er aus Angst vor dem Unangenehmen bestimmte Handlungen ausführt, ohne zu wissen, warum er etwas tun oder lassen soll.

Ein Beispiel:

Ich übernahm einen Schäferhund, der über die Angst zum Apportieren gezwungen worden war. Diese Zwangsübungen fanden auf Hundesportplätzen statt. Der Hund hatte die Schutzhundeprüfungen I und II, für die das Apportieren vorgeschrieben ist, mit Erfolg abgelegt.

Nachdem sich der Hund bei mir zurechtfand und Vertrauen gefaßt hatte, wollte ich beim Spaziergang Apportierspiele anfangen, die Hunde normalerweise sehr schätzen. Dabei erkannte ich, daß der Hund überhaupt nicht wußte, was ich von ihm wollte. Für das Apportieren benützte ich den Apportiergegenstand und das Hörzeichen, wie sie der Hund kannte. Er apportierte nicht. Daraufhin ging ich auf einen Hundesportplatz und ließ ihn apportieren. Dort führte er das Geforderte korrekt und ohne zu zögern aus. Er schien mir ungeheuer »dienstbeflissen«, so als wolle er alles so schnell wie möglich richtig machen, um die Arbeit hinter sich zu haben. Übte ich wieder außerhalb des Hundeplatzes, schien mich der Hund nicht zu verstehen.

Der Hund konnte also den Auftrag nur dort ausführen, wo er ihn gelernt hatte. Die Handlung selbst hatte er nie begriffen, da er sie nur aus Angst vor den Schmerzeinwirkungen ausführte. Der Hund lernte also die Handlung, um Schmerz zu vermeiden. Er verknüpfte: »Ich muß den Handlungsablauf ausführen, dann kommt kein Schmerz.« Er begriff nie, daß das verwendete Hörzeichen für das Apportieren bedeutete: »Bring deinem Menschenfreund den geworfenen Gegenstand.« Hunde, die das Bringen von Gegenständen über die Freude am Holen und Tragen von Gegenständen ausführen, werden jederzeit und in jedem Gelände diese positiv getönte Handlung zeigen.

Welche Möglichkeiten stehen uns zur Verfügung, den Hund bestimmte Handlungsabläufe gezielt und *ohne* körperliche Schmerzeinwirkung, sondern über das Vertrauen zu lehren?

- Wir können den Hund an bestimmte Handlungen gewöhnen.
- Weiterhin haben wir die Möglichkeit, die vom Hund gezeigten Handlungen positiv zu bestärken.
- Häufig werden wir über unsere Körperbewegungen den Hund zu Handlungen animieren, die wir sofort belohnen, wenn er sie in unserem Sinne ausführt.

Wir dürfen nicht vergessen, daß wir unsere Hunde im Zusammenleben mit uns Menschen zu vielen Handlungen veranlassen, die sie in ihrer Hundegemeinschaft nie ausführen würden, z. B. an der Leine gehen. Ebenso fordern wir von ihnen, Hand-

lungen zu unterlassen, die sie jedoch leidenschaftlich gerne ausführen würden, z. B. Hasen jagen.

Entsprechend der Motivationslage des Hundes werden wir unsere Methode anwenden, den Hund bestimmte Handlungen zu lehren. Verständigen wir uns mit dem Hund, so spielt der Entwicklungsstand bzw. das Alter des Hundes eine wichtige Rolle. Wir werden einen Welpen und Junghund anders ansprechen als einen psychisch gesunden, erwachsenen Hund.

Die Rassezugehörigkeit spielt hier keine Rolle, denn *wir Menschen* haben unseren Umgang mit dem Hund ganz *dessen* Fähigkeiten und Eigenarten anzupassen. Damit werden die Schwerpunkte der Methode vielleicht etwas verlagert, aber das Prinzip des Umgangs mit dem Hund ist von der Rasse unabhängig. Es gibt keine Rassen, die man nur mit groben Worten und schweren Quälmaßnahmen zur

Hunde, die das Bringen von Gegenständen mit Freude gelernt haben, werden in jedem Gelände die positiv getönte Handlung zeigen. (Alle Fotos: K. Feltmann)

Ausführung bestimmter Handlungen bringen kann. Ob es sich um den Foxterrier, den Jagdhund, den Nackthund, den Retriever, den Dackel oder den Schäferhund handelt, spielt keine Rolle. Unabhängig von seiner Rassezugehörigkeit hat jeder Hund das Recht, mit wohlwollender Konsequenz behandelt zu werden, um ohne Angst leben zu können. Daß dies gelingt, konnte ich im Umgang mit diesen und vielen anderen Rassen einwandfrei feststellen.

Die Voraussetzung dafür ist, daß der Welpe auch lernen darf, wenn er lernbereit ist. Die Lernbereitschaft beginnt, wie wir erfahren haben, bereits in den ersten Lebenstagen. Daher muß der Züchter die Lernfähigkeit des Welpen fördern, die der neue Hundebesitzer bei der Übernahme des Hundes dann weiterführt.

Das Ablegen

Ein Hund soll auf einem ihm zugewiesenen Platz so lange alleine verharren, bis der Hundeführer zurückkommt und ihm gestattet, den Platz zu verlassen. Dies ist ein Handlungsablauf, der im Leben eines wildlebenden Hundes niemals vorkommen würde. In einer Wildhundefamilie muß ein Hund nie alleine bleiben. Hier entscheidet das Tier selbst, ob es sich, um seine Ruhe zu haben, von seinen Familienangehörigen zurückzieht oder nicht. Es wird jedoch niemals gezwungen, alleine zu bleiben.

Welcher Weg führt zu diesem Ziel?

Übernahm ich einen Welpen mit acht Wochen, so durfte dieser in einer ganz gewöhnlichen Holzkiste, die mit Zeitungspapier und einer Decke ausgelegt war, neben meinem Bett schlafen. Nach kurzen *Ausbruchsversuchen,* die ich freundlich verhinderte, rollte sich der Welpe zufrieden in seiner Kiste zusammen und schlief ein. Wurde er gegen Morgen unruhig, nahm ich ihn schnell auf den Arm und trug ihn in den Garten. Dort versäuberte er sich und schlief anschließend weiter, bis ich aufstand.

Entgegen allen Voraussagen waren alle meine Welpen durchschnittlich nach drei Wochen bereit, in dem für sie vorgesehenen Raum allein ohne zu jammern zu schlafen. In dieser Zeit hatten sie sich eingelebt. Sie kannten alle Räume, alle Gerüche. Es war für sie nichts mehr fremd. Auf diese Weise hatte ich das *Verlassensein,* das durch die Trennung von den Geschwistern und der Mutter entstanden war, überbrückt, und das Vertrauen des Welpen gewonnen, nicht wirklich allein gelassen worden zu sein.

Diese Methode zeigte zusätzlich noch andere positive Ergebnisse:

Der Hund lernte, mußte er sich versäubern, sich zu melden, denn ich reagierte sofort, wenn er in seiner Kiste unruhig wurde. Weiterhin gewöhnte er sich daran, ruhig neben meinem Bett zu schlafen. Er geisterte nicht herum und knabberte auch nicht Möbel oder Teppiche an. Wollte ich ihn auch tagsüber für kurze Zeit einmal alleine lassen, stellte ich seine Kiste in einen Raum, sagte ihm, daß er allein bleiben müsse und ging. Nach kurzer Zeit fügte sich der junge Hund und suchte Trost in dieser ihm so vertrauten, angenehmen Schlafkiste.

Um den Welpen für das Ablegen vorzubereiten, nahm ich aus der Schlafkiste seine Decke und legte sie in einen für den Hund unbekannten Raum auf den Boden. Dann holte ich den Welpen und ließ ihn die fremde Umgebung beschnuppern. Irgendwann fand er seine Decke und bewedelte sie so, als begrüße er sie. In diesem Augenblick lobte ich ihn überschwenglich und legte ihn sanft auf die Decke mit den Worten »Leg dich!« Ich wiederholte dies im gleichen Zimmer noch zweimal und legte im Beisein des Hundes die Decke wieder in seine Schlafkiste.

Am nächsten Tag führte ich die gleiche Zeremonie wieder aus, aber in einem anderen, dem Hund unbekannten Raum. Nach kurzer Zeit hatte der Welpe verknüpft, daß diese ihm bekannte Decke *darauflegen* bedeutet.

Nun nahm ich die Decke auf Spaziergänge mit. Irgendwann verlor ich sie unauffällig. Auf dem Rückweg fanden wir diese Decke »zufällig«. Der Hund freute sich, begrüßte sie mit Schwanzwedeln und legte sich oft schon unaufgefordert darauf.

Nach diesem Erfolg lernte der Hund mit dem Hörzeichen »Bleib!«, auf der Decke so lange liegenzubleiben, bis ich ihn aufforderte, mit mir mitzukommen. Selbstverständlich mußte ich die Decke vom Boden wegnehmen, denn der Hund sollte lernen, sich immer daraufzulegen, wenn er sie auf dem Boden entdeckte. Ich hatte den Eindruck, daß sich die kleinen Hunde deshalb so über die Decke freuten, weil sie mit ihr Geborgenheit verbanden.

Der Schritt zum ausdauernden Liegenbleiben ist nur noch Übungssache. Meine Welpen waren im Durchschnitt alle imstande, im Alter von vier Monaten zuverlässig fünf Minuten abzuliegen.

Eines meiner Kinder hatte einmal unseren fünf Monate alten Rauhhaardackel zum Einkaufen mitgenommen und ihn dort vergessen. Nach einer Stunde bemerkte ich das Fehlen des Hundes. Erschrocken gingen wir zum Einkaufsplatz zurück. Dort lag der nicht angebundene Hund noch immer an der gleichen Stelle und schlief fest auf der für ihn hingelegten Decke, obgleich reger Betrieb von Autos und Fußgängern herrschte.

Diese Decke verwendete ich auch, um einem Welpen zu erklären, was »Voraus!« bedeutet. Ich ließ den kleinen Hund »Sitz!« machen und sagte zu ihm »Bleib!«. Daraufhin ging ich mit der Decke etwa zwanzig Meter von ihm weg und zeigte ihm, daß ich die Decke auf den Boden legte. Schnell lief ich zu dem Hund zurück, hielt ihn an der Brust etwas zurück und gab ihm das entsprechende Hör- und Sichtzeichen »Voraus!«. Freudig rannte der Hund auf die Decke und legte sich unaufgefordert darauf.

Diese wunderbare Leistung wurde dann mit dem Lieblingsspiel des Hundes belohnt. Auf diese Weise lernt ein Hund über die Gewöhnung, sich freudig ablegen zu lassen und zuverlässig liegenzubleiben.

Das Apportieren

Ein Hund soll auf ein Hör- und Sichtzeichen einen weggeworfenen Gegenstand zuverlässig aufnehmen und ihn zu seinem menschlichen Freund zurückbringen, sich vor ihn hinsetzen und auf ein Hörzeichen den Gegenstand abgeben. Der Hundeführer faßt dabei mit beiden Händen, schon vor seinem Hörzeichen, den Gegenstand.

Das Apportieren ist für den Hund eine der schönsten Beschäftigungen. Der Mensch kann damit das Jagd- und Beuteverhalten des Hundes zufriedenstellen und in gewünschte Bahnen lenken.

Welcher Weg führt zu diesem Ziel?

Bis etwa zur zwölften Lebenswoche trägt ein Welpe genetisch gelenkt seine gefundene Beute in ein sicheres Versteck ein. Zumeist ist dies sein Schlafplatz. Dieses angeborene Verhalten machte ich mir für die Apportierübungen zunutze.

Ich spielte mit dem Welpen in seiner Schlafkiste und warf von dort aus das Lieblingsspielzeug weg, etwa einen Ball oder einen Handschuh. Dabei hielt ich den kleinen Hund an der Brust liebevoll zurück. Kaum war der Gegenstand gefallen, ließ ich den Welpen los mit dem Hörzeichen »Apport!«. Der Hund stürmte davon und faßte den Gegenstand. Seinem genetischen Programm folgend trug er die Beute in sein Nest ein. Hier saß ich davor und empfing ihn liebevoll, streichelte ihn und nahm ihm dabei – ganz aus Versehen – seine Beute ab. Dieses Spiel wiederholte ich ein bis zweimal und beendete es, indem ich die Beute, für den Hund sichtbar, z. B. auf einen Schrank legte oder in eine Schublade steckte.

Bei der nächsten Wiederholung dieses Spielvorganges bereitete ich den Hund bereits auf das Beutespiel vor. Ich ging mit ihm an den Ort der Beute, holte sie, Spannung erzeugend, vor seinen Augen hervor und ging mit ihm zu seinem Schlafplatz. In großer Erwartung saß der Welpe in seinem Nest und konnte kaum das Werfen des Gegenstandes abwarten. Wie beschrieben hielt ich den Welpen liebevoll zurück, da er von Anfang an lernen sollte, erst auf mein Hör- und Sichtzeichen loszusprinten. Bald saß der kleine Hund schon von selbst in seiner Schlafkiste, wenn ich auch nur auf dem Weg war, die Beute zu holen. Ebenso begriff er, abzuwarten, bis ich ihn aufforderte, den Gegenstand zu holen.

»Sitz!« und »Bleib!«: Golden Retriever, 4 Monate. (Foto: G. Grüner)

Nach diesen Spielen verlegte ich den Übungsort in ein anderes Zimmer. Jetzt nahm ich seine Schlafdecke mit und legte sie auf den Boden. Sofort entdeckte der Hund seinen verlegten Schlafplatz und legte sich darauf. Von dort aus warf ich nun seine Beute, die er ohne Probleme wieder dorthin zurücktrug. Noch immer brachte er sie nicht mir, sondern trug sie in sein »Nest« ein. Verstanden wir uns, begann ich auf einer Wiese das Apportierspiel fortzusetzen. Dazu nahm ich wie immer die Schlafdecke des Hundes mit, verlor sie, ließ sie ihn finden und freute mich herzlich, wenn er sich darauflegte. Nun warf ich von dort aus wie gewohnt die Beute. Es bedurfte keiner großen Übungen, denn der Hund hatte allmählich verstanden, daß ich mich freute, wenn er nunmehr mir seine Beute brachte.

Alsbald brauchte ich keine Decke mehr. Es genügte, den Hund »Sitz!« machen zu lassen, die Beute wegzutragen oder zu werfen, zum Hund hinzugehen, ihn kurz an der Brust zurückzuhalten und das Hör- und Sichtzeichen zu geben. Kam er zu mir zurück, nahm ich ihm natürlich seine Beute nicht weg, sondern ließ ein schönes *Beutespiel* folgen. Es wurde hin- und hergezerrt. Wenn ich nicht mehr zerrte, hörte der Hund auch auf, so daß ich die Beute im allgemeinen ohne weiteres auf das Hörzeichen »Gib's her!« erhielt. Dafür belohnte ich den Hund sehr herzlich.

Mit diesem lustgetönten Apportierspiel konnte ich eine Menge anderer, gewünschter Verhaltensweisen bei dem Hund festigen. Da er in großer Erwartungshaltung war, die Beute zu suchen, zu fassen und einzutragen, war es mir möglich, »Sitz!« und »Bleib!« positiv zu tönen. Weiterhin

Die Spannung wächst, denn die Beute wird weggetragen. (Foto: G. Grüner)

»Apport!« Welche Freude! Der kleine Retriever hat die Beute gefunden. (Foto: G. Grüner)

lernte der Hund, sich mit mir sinnvoll zu beschäftigen und immer wieder freudig zu mir zu kommen. Solche Übungen sind deshalb so wichtig, weil der Mensch damit eine Möglichkeit hat, den in diesem Stadium immer selbständiger werdenden Hund positiv an sich zu binden.

Wie viele Hundeführer ziehen mich zu Rate, da sie Probleme mit dem Apportieren haben! Die Ursache dafür liegt am häufigsten in der Tatsache, daß dem Welpen bereits im Alter von zwölf Wochen das Aufnehmen und Tragen von Gegenständen verboten wird. Wie oft haben wir den Fall, daß der kleine Hund z. B. einen guten Schuh von uns gefunden hat, ihn herumträgt und ihn natürlich auch zerbeißt. Empört wirken wir auf ihn ein und nehmen ihm den Schuh mit einem scharfen »Aus!« ab. Schon hat der Hund ein negatives Erlebnis mit dem Hörzeichen »Aus!« verbunden. Beim Apportieren wird er im allgemeinen auch mit dem Hörzeichen »Aus!« veranlaßt, seine Beute abzugeben. Es ist dann nicht verwunderlich, wenn der Hund bei diesem Hör-

Eilig bringt er sie seinem »Freund« und gibt sie ab. (Foto: G. Grüner)

zeichen sofort negativ getönt ist und die Beute nicht nehmen, nicht bringen oder nicht abgeben will.

Ein Beispiel, wie der Mensch positiv reagieren kann:

Meine dreieinhalb Monate alte Schäferhündin »klaute« mir aus der Küche vom Küchentisch ein wunderbares Stück Streuselkuchen, das ich mir extra für den Nachmittag aufgehoben hatte. Ich saß lesend im Wohnzimmer, als der Hund mit diesem Kuchen hereinstolzierte, um sich ein sicheres Plätzchen zum Verspeisen dieser auch für ihn wohlschmeckenden Delikatesse zu suchen. So, wie ich immer mit dem Hund sprach, sagte ich zu ihm »Apport!«. Sogleich kam die Hündin zu mir, brachte das Stück Kuchen und legte es mir auf ein Körperzeichen hin in die Hand. Voller Stolz für diese Leistung lobte und belohnte ich den Hund überschwenglich. Beobachtete ich ihn, so hatte ich das Gefühl, er wunderte sich ein wenig über meine allzugroße Freude. Hatte er doch nur das getan, was er gelernt hatte und freudig ausführte.

Ein anderer Grund, warum das Apportieren oft zum Problem wird, ist das Wegnehmen der Beute:

Bringt uns der Hund seine Beute, so sollte er zunächst die Erfahrung machen, daß wir dies als Aufforderung zu einem Beutespiel verstehen. Nach einem kurzen Hin- und Her-Zerr-Spiel überläßt uns der Hund gern seine Beute, sobald wir das Zerren einstellen. Er soll uns die Beute auf ein Körperzeichen hin abgeben. Dazu legen wir eine Hand unter sein Kinn und verhalten uns ruhig. Bald hat er das Körperzeichen verstanden und gibt die Beute von selbst freudig aus. Vorsichtshalber verwenden wir das Hörzeichen »Gib's her!«. Das Hörzeichen »Aus!« wird meist zu grob gesprochen.

Haben wir einen freudig apportierenden Hund, so können wir ihn vielfältig und sinnvoll beschäftigen.

Wir können z.B. einen Gegenstand bewußt verlieren und den Hund den Weg zurückschicken, um diesen holen zu lassen. Oder wir können den Hund ablegen, uns entfernen und einen Gegenstand verstecken. Dann darf der Hund ihn suchen, finden und bringen. Der Hundeführer wird stolz auf seinen Hund sein, wenn dieser einen gut versteckten Gegenstand gefunden hat und ihn zurückbringt.

Ein Beispiel:

Eines Tages kam eine Dame zu mir, die ihre goldene Armbanduhr am Rande einer etwa hundert Meter langen Hecke verloren hatte. Ich ging mit meiner Hündin zum beschriebenen Suchge-

Dieser Hund sucht jede Gelegenheit, um einen Gegenstand zu finden und zu apportieren.

biet. Wir liefen die Hecke entlang, doch der Hund fand nichts. Da uns der Wind im Rücken war und der Hund die Witterung schlecht aufnehmen konnte, entschloß ich mich, nochmals den gleichen Weg zurückzulaufen. Mit großem Eifer suchte die Hündin die Hecke ab. Plötzlich stoppte sie, ging ein wenig in die Hecke hinein und nahm etwas auf. Freudig kam sie zu mir, setzte sich vor mich und gab mir, nachdem ich sie dazu aufforderte, das, was sie im Fang hielt. Es war die goldene Uhr. Welcher Hundeführer würde sich darüber nicht riesig freuen?

Über das Apportieren können wir das für einen Hund ganz normale Jagd- und Beuteverhalten in gezielte Bahnen lenken. Der so beschäftigte Hund hat es dann nicht mehr nötig, Wild zu hetzen oder anderen jagdlichen Leidenschaften nachzugehen. Wichtig dabei ist, daß der Hund das Apportieren über positive Erlebnisse gelernt hat. Lernte er es über Zwang, Strafe und Schmerz, wird ein so geführter Hund immer Wege suchen, *nicht* apportieren zu müssen. Wie schade – denn von seiner Veranlagung her wird er immer gerne Beute suchen, finden, bringen und dem im Rang Überlegenen abgeben!

Die Leinenführigkeit

Ein Hund soll seinen Hundeführer an der lose hängenden Leine begleiten. Vor allen Dingen soll er auch bei Ablenkung, ohne an der Leine zu ziehen, mit seinem Hundeführer weitergehen.

Welcher Weg führt zu diesem Ziel?

Auch hier lernt der Hund die Leine oft schon im Welpenalter als negativ kennen: Er wird an die Leine genommen und erfährt dabei, daß er sich nicht mehr frei bewegen kann. Interessiert ihn etwas, wird er davon abgehalten, sich an Ort und Stelle zu informieren. Oft wird er gezogen, damit er weiterläuft. Oft wird er zurückgezogen, weil er zu einem Ort zieht, zu dem sein Hundeführer nicht will. Der Hund lernt also, das schwerfällige Paket »Mensch« hinter sich herzuziehen. Ungeduldig zieht der Mensch den Hund seinerseits zurück. Der Hund lernt: »Ich muß noch mehr ziehen, damit ich vorwärts zu meinem Ziel komme!«. Nun wird das *Ziehen* trainiert! Der Hund zieht mit immer größerer Routine nach vorne, der Hundeführer mit immer größerer Ungeduld nach hinten. Welchen Lernerfolg haben wir erzielt? Wir haben unseren Hund dazu erzogen, daß er sofort zu ziehen anfängt, sobald er an die Leine genommen wird. Das aber lag gerade nicht in unserer Absicht!

Wie soll der junge Hund überhaupt wissen, daß er nicht an der Leine ziehen soll?

Wie soll der Hund nach solchen Erfahrungen die Leine als angenehm empfinden?

Fast alle Welpen, die ich mit acht Wochen übernahm, empfanden das Anlegen eines Halsbandes als wenig störend. Befestigte ich eine etwa drei Meter lange, sehr dünne Lederleine am Halsband, schienen mir die Hunde völlig unbeeindruckt. Sie liefen mit der am Halsband befestigten gleitenden Leine genauso freudig wie ohne Anhängsel. Nahm ich aber die Leine in die Hand und bemerkten die Hunde, daß ihr Bewegungsraum dadurch eingeschränkt wurde, wehrten sie sich sofort. Hier liegt der Ursprung für die erste negative Erfahrung, die der Hund mit der Leine macht.

Wir Menschen haben also das Problem zu lösen, die Leine für den Hund nicht negativ zu tönen und ihn trotzdem an der Leine führen zu können.

Ich löste das Problem und »zäumte das Pferd von hinten auf«! Meine Hunde lernten zuerst über meine Körperbewegungen, mit mir zu laufen. Oft lockte ich sie mit ihrem Spielzeug. Liefen sie dann in *Spielzeugerwartung* neben mir, gab ich ihnen das Hörzeichen »Bei mir!«. Blieb ich stehen, setzten sich die Hunde in hoher Erwartung neben mich. Zunächst bekamen sie ihre »Beute« natürlich zum gemeinsamen Spiel mit mir. Überließ mir ein Hund das Spielzeug, da ich mich ruhig verhielt und nicht mehr reagierte, so ging ich wieder ein kurzes Stück mit ihm. Er sollte sich meiner Gangart anpassen, also

Die Spielzeugerwartung motiviert den Hund, an meiner Seite zu laufen. Dazu gebe ich das Hörzeichen »Bei mir!« (Foto: G. Grüner)

Läuft der Hund auch ohne direkte Verlockung neben mir, bleibe ich stehen und gebe dem Hund die verdiente Spielzeugbelohnung. (Golden Retriever, 4 Monate. Foto: G. Grüner)

»Bei mir!« laufen. Ich blieb stehen, der Hund setzte sich und bekam sein Spielzeug.

Der Hund führte also einen Bewegungsablauf aus, den ich mit dem entsprechenden Hörzeichen belegte. So gewöhnte er sich, wie beim Apportieren, an eine bestimmte Handlungsfolge.

Letztendlich spielte es für den Hund keine Rolle, ob ich ihn an der Leine führte oder nicht, da er sich bei dem Hörzeichen »Bei mir!« sowieso nach meiner Gangart und Gangrichtung orientierte. An diesem Beispiel erkennen wir: Wenn wir den Hund nicht lehren, an der Leine zu ziehen, wird er es auch nicht tun.

Ein Beispiel dafür, was nicht passieren darf:

Ein Hundeführer trainierte bei mir seinen Welpenrüden. Der junge Hund hatte das »Nicht an der Leine Ziehen« korrekt gelernt. Er reagierte auf das Hörzeichen »Bleib!« und verharrte in seiner Bewegung auch unter Ablenkung. Er wartete, bis sein Hundeführer ihn gebührend positiv bestärkt hatte und ihn zum Weitergehen aufforderte.

Als der Hund etwa sieben Monate alt war, entdeckte er eine läufige Hündin, die etwa zweihundert Meter vor ihm lief. In diesem Moment vergaß der junge Rüde, auf die Stimme seines Freundes zu hören. Da der Hund die lange Leine am Halsband befestigt hatte, hätte der Hundeführer seine Hörzeichen sinnvoll geben können. Statt dessen hielt er die Leine in der Hand und ließ den interessierten Rüden ziehen und zerren. Mein Einwand, der Hund solle auch in dieser extremen Situation mit dem Wort gelenkt werden, fruchtete nichts. Der mitfühlende Hundeführer meinte, in so einer Situation müsse man »Verständnis« für seinen Rüden haben, da könne er nichts mehr hören und müsse ziehen.

Wäre der Hundeführer in seinem Verständnis *konsequent* gewesen, hätte er den Rüden *ohne* Worte und *ohne* die Leine in der Hand zu halten zu der Hündin laufen lassen. Der Rüde hätte weder ungehorsam sein noch um das Ziel kämpfen müssen. Jetzt aber konnte er lernen: Wenn etwas ganz besonders interessant ist, brauche ich die Hörzeichen meines Freundes nicht zu beachten. Ich muß mich zwar ins Zeug legen, um an das Ziel zu kommen, aber für eine läufige Hündin strenge ich mich gerne an!

Reagiert ein Hund nur ohne Ablenkung auf seinen Hundeführer, so bleibt die Mühe des Trainings ohne Erfolg. Das Ziel aller unserer Übun-

Der Hund hat etwas sehr Interessantes entdeckt: Er zieht mit viel Kraft nach vorne. (Foto: K. Feltmann)

gen ist, einen Hund mit Hörzeichen *oder* Sichtzeichen unter *jeder* Ablenkung sicher zu führen.

Mit der am Halsband befestigten langen Leine wollte ich verhindern, daß sich der Welpe oder Junghund zu weit von mir entfernte. Ich mußte eine Möglichkeit finden, mich mit dem Hund zu verständigen. Das konnte ich nur, wenn die Distanz zwischen ihm und mir nicht zu groß war. Aber auch hier zog ich den Hund nicht an der Leine zurück, sondern ich hielt sie nur fest, so daß er nicht mehr vorwärts kam. Dazu gab ich das Hörzeichen »Bleib!«. Blieb der Hund und versuchte nicht mehr nach vorne zu ziehen, ging ich an den Hund heran und streichelte ihn, lobte ihn und hielt einen besonderen Leckerbissen bereit.

Er hört »Sitz!« und gehorcht trotz der Ablenkung. Dadurch wird die Leine locker. (Foto: K. Feltmann)

Erst wenn es uns gelungen ist, als Mensch *hinter* der Leine für den Hund interessanter zu sein als *vorne* die Ablenkung, sind wir erfolgreich geworden.

Auf diese Weise können wir von vorneherein verhindern, daß unsere jungen Hunde Passanten anspringen, Radfahrer jagen und vieles mehr. Auf das Hörzeichen »Bleib!« hat der Hund gelernt, seine Bewegung einzustellen und auf den Hundeführer zu warten. Selbstverständlich muß der Hundeführer sich auch die Mühe ma-

chen, bei dem Hörzeichen »Bleib!« selbst stehenzubleiben. Verharrt der Hund, muß er zunächst jedesmal zu ihm gehen, um ihn zu loben und vor allen Dingen ihm zu sagen, ob er weiterlaufen darf oder vielleicht etwas anderes tun soll.

Unterläßt der Mensch diese Zeremonie, bevor sie dem Hund zur Gewohnheit geworden ist, wird dieser unzuverlässig, und unsere Mühe war umsonst!

Das Herankommen des Hundes

Ein Hund soll auf das Hörzeichen »Hier!« herankommen und vor dem Hundeführer sitzen oder liegen. Er muß so lange abwarten, bis er ein neues Hörzeichen erhält.

Welcher Weg führt zu diesem Ziel?

Wir Menschen müssen für den Hund wiederum so wichtig sein, daß er von allen interessanten Ablenkun-

Der Hundeführer geht zum Hund und drückt sein Wohlgefallen aus. (Foto: K. Feltmann)

Zur Belohnung darf der Hund wieder frei laufen. (Foto: K. Feltmann)

gen abläßt, um auf einen Ruf hin zu seinem »Freund« zu kommen.

Bei unseren jungen Hunden haben wir Menschen den großen Vorteil, daß sie froh sind, uns in ihrer Nähe zu wissen. Das ändert sich natürlich in dem Maße, in dem der Hund selbständiger wird. Bis dahin sollte der Hund an das Herankommen gewöhnt sein.

Zunächst rufen wir den Welpen und entfernen uns, so daß er uns nachläuft. Ist er bei uns, zeigen wir große Freude.

Oft entsteht in dieser Situation ein Mißverständnis. Der Hundeführer möchte die Übung korrekt ausgeführt haben und vergißt dabei, seinen Hund bei der Kontaktaufnahme zu grüßen. Statt dessen gibt er ihm das Hörzeichen »Sitz!«. Der Hund ist enttäuscht, daß er nicht gegrüßt worden ist, und empfindet das »Sitz!« entsprechend als negativ. Die Folge davon ist, daß der Hund bei derartigem Verhalten seines Freundes nicht mehr gerne zu ihm kommt und ebenfalls das »Sitz!« als nicht angenehm empfindet.

Das aber hatten wir nicht beabsichtigt. Kommt der Hund freudig herbei, so müssen wir unsere Freude auch zum Ausdruck bringen. Danach können wir dem Hund »Sitz!« auftragen und ihn belohnen. So haben wir alles positiv bestärkt. Allmählich reduzieren wir die Begrüßung und betonen nach dem »Sitz!«, das der Hund meist von selbst ausführt, unsere Freude über den gelungenen Handlungsablauf. So erreichen wir eine Handlungskette, die zunächst in ihren einzelnen Gliedern jedesmal positiv getönt wurde, bis schließlich nur noch der gesamte Ablauf der Handlung als Ganzes bestärkt wird.

Der wildernde Hund

Jeder Hund, *auch der eines Jägers*, der vom Hundeführer unbeeinflußbar etwas Davonlaufendes erwischen will, jagt bereits. Handelt es sich um jagdbares Wild, wird das Jagen als Wildern bezeichnet. Beim »Wildern« des Hundes handelt es sich also um ein Jagdverhalten, das lediglich auf bestimmte Objekte bezogen ist.

Wie können wir den Hund vom Wildern abhalten?

Hier, wie in fast allen anderen Bereichen der Verständigung zwischen Mensch und Hund, werden häufiger Mißverständnisse aufgebaut statt vermieden. Somit kann der Hund nie lernen, was sein Menschenfreund mit »Nichtwildern« meint.

Jagt ein junger Hund z. B. Hühner, so versucht der Mensch mit lautem aufgeregtem Rufen, ihn davon abzuhalten. Hat er seinen Hund erwischt, wird dieser auch noch zurechtgewiesen. Kommt die nächste Situation und der Hund hört das laute, erregte Rufen, so weiß er sofort: »Vorsicht, wenn mein Menschenfreund so ruft und kommt, muß ich sehen, daß er mich nicht erwischt, er ist dann immer so wütend auf mich.« Schnell hört der Hund aus einer bestimmten Stimmlage seines Freundes heraus, daß irgend etwas Jagdbares in der Nähe sein muß. Hört er solche Töne, beginnt er nun selbst, danach zu suchen. Er wäre gar nicht weggelaufen, hätte ihn sein Freund über die erregte Stimme nicht darauf aufmerksam gemacht.

Ein Beispiel:

Eine äußerst folgsame Setterhündin gehorchte sofort bei dem Ruf ihres Namens. Rief der Hundeführer sie jedoch in einem bestimmten Ton, verharrte die

Hündin und sprintete plötzlich davon, offenbar ohne zu wissen, wohin. Jetzt half kein Rufen mehr. Die Hündin kam oft erst nach geraumer Zeit wieder zurück.

Welches Problem lag hier vor?

Es fiel mir auf, daß der Hundeführer seine Hündin nur dann so rief, wenn er Jagdbares entdeckt hatte. Somit hatte die Hündin verknüpft: »Wenn mein Freund mich in dieser Stimmlage ruft, muß es etwas zum Jagen geben!« Die Setterhündin verband also diesen Ruf mit einer Aufforderung zur Jagd.

Rief der Hundeführer in normalem Ton und bewegte sich entspannt oder ging sogar in die entgegengesetzte Richtung, kam die Hündin ohne zu zögern und ohne nach Jagdbarem zu suchen zurück.

Ein weiteres Mißverständnis liegt vor, wenn der Hundeführer glaubt, er könne seinem Hund verbieten, sich z. B. für einen weglaufenden Hasen zu interessieren. Löst ein Hase sein Jagdverhalten aus, wird ein Hund im allgemeinen immer versuchen, diesen zu jagen. Tut er dies gegen den Willen seines Hundeführers, wird er meist gestraft, wenn er *zurückkommt.* Dies erschüttert aus genannten Gründen das Vertrauen zu seinem Hundeführer, so daß er beim nächsten Mal zögern wird zurückzukehren.

Wir können unserem Hund also das Interesse am Wild nicht verbieten. Daher müssen wir uns einen anderen Weg suchen.

Im Welpen- und Junghundealter zeigt der Hund zwar an allem, was sich bewegt, großes Interesse. Er hat aber noch nicht die notwendige Selbstsicherheit erlangt, gezielt und ausdauernd die viel zu schnelle Beute ernsthaft zu verfolgen.

In diesem Alter zeigte ich meiner Deutsch-Langhaar-Hündin jede Art von späteren Beutetieren wie Schafe, Hühner, Rehe, Hasen usw. Gemeinsam blieben wir ganz ruhig stehen und verharrten, wobei die Hündin dabei vorstand. Ich stellte mich neben sie, sprach mit ihr und lobte sie. Häufig fütterte ich die Hündin, wenn wir gemeinsam weiterzogen, mit einem Leckerbissen oder spielte mit ihr.

Im Alter von fünfeinhalb Monaten – zu Beginn des Stadiums des Umgangs mit der Umwelt – lernte die Hündin, Wildfährten zu identifizieren, eine Fähigkeit, die sehr schnell, ja offenbar geradezu plötzlich erlangt wird. Jetzt war der Zeitpunkt gekommen, zu dem ich sie bewußt auf Wildfährten führte, sie aber das Wild vorher nicht sehen ließ. Die Hündin durfte z. B. die Fährte eines Rehes aufnehmen, mußte aber meine Hörzeichen befolgen. So lernte sie trotz ihrer Jagdpassion, auf mich zu achten. Oft verlor ich vorher noch einen Gegenstand und konnte sie dann mit einem Pfiff lenken und ihr sogar noch ein Beuteerlebnis bieten.

Auf diese Weise konnte sie die wunderbaren Wildgerüche und die vielversprechende Beute wahrnehmen, begriff aber gleichzeitig, daß diese nicht wichtiger zu erachten waren als ihr »Freund« Mensch. Es war mir also gelungen, für den Hund bedeutungsvoller zu sein als alle anderen Ablenkungen.

Diese Erfolge gelangen mir ohne jeglichen Zwang. Wohlwollende Konsequenz und die Kenntnis der verschiedenen Verhaltensweisen im entsprechenden Alter waren die Mittel, mich mit dem Hund so zu verständigen, daß er mich verstand und akzeptierte.

Rechts: Wir führen unsere Hunde mit Hör- und Sichtzeichen. (Foto: K. Feltmann)

Ganz rechts: »Lauf!«, das ist das schönste Hörzeichen! (Foto: K. Feltmann)

Zusammenfassung

Die Verständigung zwischen Mensch und Hund hängt in hohem Maße von der Einstellung des Menschen zum Hund ab. Der Zugang zum Verständnis wird gefunden, wenn der Mensch den Hund *als Partner achtet.*

Das Verhalten des Hundes ist in seinem genetischen Programm auf den Umgang mit seinen Artgenossen abgestimmt. Daher zeigt ein Hund arteigene Verhaltensweisen auch im Umgang mit dem Menschen. Er kann sich nur bedingt dem Menschen anpassen. Der Mensch muß deshalb lernen, das Ausdrucksverhalten des Hundes richtig zu interpretieren. Dann wird er sich selbst so verhalten können, daß der Hund *ihn* versteht. Er muß sein Verständnis der Lernfähigkeit des Hundes anpassen.

Für die Gemeinschaft von Mensch und Hund sind wie in jedem sozialen Gefüge **Spielregeln** erforderlich.

Der Zeitpunkt, diese zu lehren, sollte der psychischen Bereitschaft des Hundes angepaßt werden, etwas lernen zu wollen. Die aktivste Lernphase finden wir beim Hund im Stadium der Eroberung der Umwelt. Daher trägt bereits der Züchter die Verantwortung, seine Hunde auf die Lebensgemeinschaft von Mensch und Hund vorzubereiten.

Welche Spielregeln gelehrt werden, hängt von der individuellen Lebensart der einzelnen Hundebesitzer ab. Sie müssen jedoch auf das gemeinsame Umfeld der Mitmenschen abgestimmt werden.

Wohlwollende Konsequenz bestimmt die Methode, einen Hund Spielregeln zu lehren. Körperliche Maßnahmen, die beim Hund Schmerzen verursachen, kennzeichnen das Unvermögen des Menschen, sich mit seinem Hund über das **Vertrauen** zu verständigen.

Hunde, die über die Angst vor schmerzhafter körperlicher Einwirkung Spielregeln lernen, werden, abhängig von ihrer psychischen Stabilität, Lernerfolge nur für einen begrenzten Zeitraum zeigen. Viele dieser Hunde werden das Gelernte unvollständig und unzuverlässig ausführen oder den Lernvorgang von vornherein verweigern.

Als Reaktion auf diese Lehrmethoden zeigen viele Hunde Fluchttendenzen über das Meideverhalten, da sie an der offenen Flucht gehindert werden. Viele Hunde wehren sich aus Angst um ihr »bedrohtes Leben«. Wir sprechen von *Angstbeißern.* Manche Hunde lassen es bei passender Gelegenheit auf einen Kampf mit ihrem »Freund« oder einem anderen Menschen ankommen, den sie gleichsam als »Ablaßventil« für die ertragenen Frustrationen benützen.

Möglichkeiten der vertrauensvollen Verständigung mit dem Hund finden wir in der **Gewöhnung** an bestimmte Handlungsabläufe, in der **positiven Bestärkung** von ausgeführten Handlungen und in der **deutlich gezeigten Körpersprache** des Menschen, die das Verhalten des Hundes beeinflußt. Das Ziel der Verständigung zwischen Mensch und Hund ist: mit **Hör- oder Sichtzeichen** den Partner Hund auch in schwierigen Situationen zu führen.

KAPITEL 5

Zur Aggression des Hundes

Definition: Aggression

Aggression ist die negative Zuwendung eines Individuums zu einem Partner. Dieser kann ein Artgenosse oder ein Artfremder sein. Daher sprechen wir von innerartlicher bzw. außerartlicher Aggression. Das bedeutet, daß Hunde untereinander wie auch anderen Tieren gegenüber Aggression zeigen.

Im Gegensatz zur Aggression steht die positive Zuwendung, die ein Individuum einem anderen zeigt.

Die innerartliche Aggression

Innerartliche Aggression kann – wir nehmen als Beispiel wieder den Hund – bei allen Hunden auftreten. Sie wird sowohl von sich psychisch stark fühlenden als auch von sich psychisch schwach fühlenden Hunden gezeigt.

Die Reaktion auf aggressives Verhalten hängt von der sozialen Position des Partners ab:

- Der Angegriffene respektiert den anderen.
- Der Angegriffene widersetzt sich dem anderen.
- Der Angegriffene versucht, die Aggression des anderen zu hemmen bzw. umzulenken.

Die außerartliche Aggression

Außerartliche Aggression wird gezeigt, um den Artfremden zu vertreiben. Der Fremde soll eine bestimmte Distanz wahren. Das bedeutet, er soll von ihm beanspruchtes Territorium verlassen oder, hat er interessante Beute, von dieser ablassen.

Die Reaktion des artfremden Individuums auf die gezeigte Aggression ist entweder die Einhaltung der geforderten Distanz oder die Flucht. In beiden Fällen respektiert der Artfremde die Überlegenheit des anderen genauso, wie wir dies auch bei Hunden untereinander beobachten können. In seltenen Fällen kommt es zu einem Kampf. Hierbei wird sich der angegriffene »Fremde« mit aller Kraft wehren. Im Unterschied zu kämpfenden Hunden wird der Artfremde so lange bekämpft, bis der angreifende Hund der Meinung ist, ihn außer Gefecht gesetzt zu haben.

Die Ziele der Aggression

Aggression zur Herstellung einer bestimmten Distanz

Der Hund möchte einen bestimmten Abstand zwischen sich und dem anderen gewahrt wissen. Der *andere* kann sowohl ein hundlicher Artgenosse als auch ein artfremdes Individuum sein.

Zu dieser Art der Aggression gehören:

- die Verteidigung des Territoriums,
- die Verteidigung der Nahrung,
- die Verteidigung der Nachkommenschaft,
- die Verteidigung des »Freundeskreises«.

Der Verteidiger fühlt sich psychisch stark und zeigt dies in seiner Körperhaltung, seiner Mimik und seinen Lautäußerungen.

Aggression zur Herstellung von Rangunterschieden

Hunde, die sich im sozialen Rang gleichwertig fühlen, wollen über den Kampf entscheiden, wer im Rang überlegen bzw. unterlegen ist. Hier handelt es sich um innerartliche Aggression. Es scheint, daß durch die starke Bindung des Hundes zum Menschen in dieser Situation der Mensch wie ein *Artgenosse* und nicht wie ein Artfremder behandelt wird.

Aggression zur Erhaltung des eigenen Lebens

Hunde, die keine Möglichkeit zur Flucht haben, kämpfen mit aller ihnen zur Verfügung stehenden Kraft um ihr eigenes Leben. Dies ist ein Kampf um Leben und Tod. Kämpfe dieser Art werden zumeist von artfremden Partnern ausgelöst. Unter Artgenossen entsteht im allgemeinen eine derartige Situation nicht, da ein sich unterlegen fühlender Artgenosse nicht bekämpft zu werden braucht. Der Unterlegene fügt sich schon lange vor einem Kampf, denn er versteht bereits die Drohungen des Überlegenen.

Das Ausdrucksverhalten für Aggression beim psychisch Überlegenen

Um die Aggression des Hundes richtig einschätzen zu können, müssen wir das Verhalten, das Aggression ausdrückt, kennen und richtig interpretieren. Von besonderer Bedeutung für die Aggression sind die *Drohgebärden.*

Wie wir bisher erfahren konnten, wird Aggression bei gut sozialisierten Hunden beinahe nie in ihrer letzten

Die Schäferhündin entdeckt den kleinen Belgischen Schäferhund (7 Wochen alt). Der kleine Hund fürchtet sich und flieht.

Konsequenz gezeigt, denn der andere soll weder ernsthaft verletzt noch getötet werden. Aggressionsverhalten ist ein »Vorgang«: Der aggressive Hund *testet* die Reaktion des anderen aus. Entsprechend stimmt er sein Verhalten ab und differenziert es. Die Drohgebärden werden von den Hunden ausgeführt, die sich psychisch sicher und stark fühlen.

Wir erkennen Aggression bereits in der Stimme des Hundes. Er bellt in einer bestimmten Tonlage, so daß für den anderen die aggressive Stimmung spürbar wird. Zur mit der Stimme gezeigten Aggression gehört auch das Knurren.

Der Hund »arbeitet« hier mit *Hörzeichen.*

Zur stimmlich gezeigten Aggres-

Das hatte der »große« Hund nicht beabsichtigt. Schnell beschäftigt er sich mit etwas anderem und gibt dem »Kleinen« die Möglichkeit, wieder umzukehren.

Neugierig, aber vorsichtig inspiziert der Kleine den Großen.

sion werden Körperzeichen gegeben, um das Ausdrucksverhalten für den anderen eindrucksvoller zu gestalten. Der Hund zieht zunächst die Lefzen hoch. Genügt dieses Zeichen nicht, beginnt er, den zu Bedrückenden mit den Augen zu fixieren, stellt die Nackenhaare auf, stellt die Ohren weit nach vorne, richtet die Rute auf und trägt sie im rechten Winkel zum Rücken. Bewegt er sich, sind die Bewegungen langsam und wirken etwas steif.

Der Hund »arbeitet« also auch mit *Sichtzeichen.*

Je nachdem, wie nachhaltig er beeindrucken möchte, benützt er entweder Hörzeichen oder Sichtzeichen oder *kombiniert* beide.

Dieses Ausdrucksverhalten, in

Der Kleine hat sich psychisch erholt. Nun kann er ausgiebig berochen werden. Er zeigt deutlich seinen Respekt.

Die Schäferhündin ist mit dem Verhalten des Welpen einverstanden, und somit wird er akzeptiert.

Teilen oder in Kombination gezeigt, verwendet der Hund nur zum Drohen. Der Drohende gibt dem anderen die Chance, sein Verhalten auf die Situation einzustellen. Von der Reaktion des Bedrohten hängt es ab, wie sich die Situation entwickelt. Der *Bedrohte* also entscheidet, ob es zu einem Kampf kommt oder nicht.

Reaktionen auf gezeigte Aggression

Das Verhalten des Bedrohten

Da wir in den vorhergehenden Kapiteln schon von den Mechanismen gehört haben, die Aggression unter Hunden hemmen oder verhindern, fasse ich sie jetzt kurz zusammen.

Das Verhalten des Bedrohten entscheidet, ob sich die Aggression des Drohenden steigert, abbaut oder ob sie in neutrales bzw. freundliches Verhalten umschlägt.

- **Die Bauchlage**
Dazu verwendet der Bedrohte, unabhängig vom Bekanntheitsgrad des Drohenden, die Verkleinerung der Körperhaltung. Er drückt sich auf den Bauch und legt die Ohren an (flach nach hinten gerichtet). In dieser Haltung verharrt er regungslos. Oft wendet er auch noch den Kopf ab, um den Drohenden nicht über den Blickkontakt zu provozieren.
- **Die Beschwichtigungsgesten**
Gehört der Drohende zum »Freundeskreis«, beschwichtigt ihn der Bedrohte (siehe Seite 56ff.).
- **Die Demutsgesten**
Auch hier muß der Drohende zum »Freundeskreis« gehören. Mit dieser Geste wird das aggressive Verhalten neutralisiert oder in positive Zuwendung umgewandelt (siehe Seite 57ff.).

Das Verhalten des Drohenden

Zeigt der Bedrohte Gesten der Unterwerfung, ist auch der Drohende in der Lage, seine Aggression selbst noch zusätzlich zu hemmen. Dabei erstarrt nun der Aggressor seinerseits in der Dominanz zeigenden Haltung. Offensichtlich bewirkt diese *Bewegungslosigkeit* den Abbau von Aggression. Ist eine Reduktion der Aggression eingetreten, versucht der Drohende, mit sehr langsamen Bewegungen eine Distanz zum Bedrohten herzustellen. Je größer die Entfernung wird, desto mehr baut sich das gezeigte aggressive Verhalten ab.

Eine andere Möglichkeit für den Drohenden, die Aggression selbst abzubauen, finden wir in der Handlung des Abschnappens. Wie wir wissen, werden hier die aggressiven Bewegungen entweder kurz vor dem Ziel abgebremst, oder das Ziel wird ganz verfehlt.

Das Ausdrucksverhalten für Aggression beim psychisch Unterlegenen

Ein Sonderfall ist die Aggression des Unterlegenen. Hier wird Aggression nicht aus psychischer Stärke gezeigt, sondern aus psychischer Schwäche. Der Hund legt seine Ohren flach nach hinten, die Pupillen sind stark geweitet. Die Zähne werden gezeigt, wobei die Lefzen stark nach hinten gezogen sind. Die Rute wird zwischen die Hinterläufe geklemmt, wobei die Läufe auch noch eingeknickt werden. Der Hund zeigt eine gedrückte Körperhaltung. Das Fell wird über den gesamten Rücken gesträubt.

Diese körperliche Ausdrucksform – übersetzt in menschliche Sprache – heißt: »Ich würde gerne fliehen, kann aber nicht und muß deshalb um mein Leben kämpfen. Man will mir an den Kragen.«

Nachdem er primär die Flucht vorziehen würde, zeigt der Hund sekundär Aggression. Die psychische Situation ist hier eine völlig andere als beim drohenden Hund, der sich psychisch stark fühlt. Beim psychisch schwachen Hund wird die Aggression über die Angst um sein Leben gesteuert. Dabei beißt er blindlings um sich mit dem Ziel, sein eigenes Leben zu retten.

Wir können uns gut vorstellen, wie stark der Hund dabei nervlich belastet wird und wie lange die Erholungsphasen dauern, bis er wieder sein psychisches Gleichgewicht gefunden hat.

Im Verhaltensrepertoire des Hundes sind sehr viele Möglichkeiten gegeben, um Partnerprobleme friedlich zu lösen, die in der sozialen Lebensgemeinschaft einer Tierart immer vorhanden und auch notwendig sind. Auch wenn es unter Partnern, die sich psychisch gleich stark fühlen, zu tätlichen Auseinandersetzungen kommt, wird so gekämpft, daß keiner der beiden Kontrahenten ernsthaft verletzt wird.

Wie wir feststellen können, hängt die Überlegenheit eines Hundes im allgemeinen nicht von seiner Körpergröße, sondern von seiner psychischen Stärke ab.

Der Einfluß des Menschen auf die Aggression des Hundes

Ereignen sich unter unseren Hunden aggressive Vorfälle, die dem oben beschriebenen Prinzip widersprechen, so hat der Mensch die Grundlage für dieses Fehlverhalten geschaffen.

Die Ursachen sind:

- Isolation der Welpen und Junghunde von ihren Artgenossen.
- Genetische Defekte werden züchterisch gefestigt.
- Bestimmte aggressive Verhaltensweisen werden über die Zucht gefestigt.
- Normales aggressives Verhalten wird beim Welpen bereits übermäßig gefördert und trainiert. Damit erlernt der Hund ein Fehlverhalten. Statt dessen sollte er lernen, seine Aggression auf den Partner fein abzustimmen und zu regulieren.
- Krankheiten, die dem Hund Schmerzen bereiten, werden vom Hundebesitzer nicht erkannt. Dazu gehören sehr häufig Entzündungen der Ohren, Erkrankungen des Mund- und Rachenraumes, z. B. Zahnschmerzen, Zahnfisteln oder Zahnfleischentzündungen sowie Mandelentzündungen. Oft liegen schmerzhafte Gelenkentzündungen aufgrund von Fehlstellungen der Gelenke des Gangwerkes vor oder auch Bandscheibenerkrankungen. Auch Hirntumore können Aggression auslösen.

Die Aggression zwischen Mensch und Hund

Halten wir uns das perfekt abgestimmte, friedliche System vor Augen, das die soziale Lebensgemeinschaft der Hunde regelt, so wird deutlich, *wie* wir Menschen mit dem Hund umgehen müssen.

Die positive Zuwendung unter den Hunden wird über direkte Körperkontaktaufnahme gezeigt. Da wird geleckt, geputzt, gestupst, miteinander gespielt und vieles mehr.

Die negative Zuwendung, die in zwei Phasen ausgedrückt wird, geschieht in der ersten Phase, der Drohphase, mit Distanz ohne Körperberührung. Erst in der zweiten Phase, der Kampfphase, zu der es sehr selten kommt, wird negativer Körperkontakt, also ein aktiver Kampf aufgenommen.

Diese Kenntnis, wann ein Hund mit seinem Artgenossen direkten Körperkontakt aufnimmt und wann er sich distanziert zu seinem Partner verhält, sollte auch den Umgang zwischen dem Mensch und seinem Hund bestimmen.

Wenden wir uns dem Hund positiv zu, so ist es für den Hund angenehm, von uns gestreichelt und gekrault zu werden.

Wenden wir uns dem Hund negativ zu, weil wir bestimmtes unerwünschtes Verhalten verhindern wollen, so sollten wir nur drohen und nicht kämpfen. Das bedeutet, wir sollten wie die Hunde untereinander die erste Phase der negativen Zuwendung benützen und uns über den Ausdruck unserer Körperbewegung, also über *Sichtzeichen* mit dem Hund verständigen. Dazu können wir zur Bekräftigung unserer Gesten auch noch die Stimme verwenden. Somit versetzen wir den Hund in die Lage, auf die Drohung zu reagieren. Fügt er sich, nehmen wir die Bedrohung weg, fügt er sich nicht, verstärken wir unsere Drohgesten. Nur wenn uns der Hund angriffe, dürften wir körperlich einwirken, also »kämpfen«.

Greift uns der Hund an, ist er der Meinung, es stünde uns nicht zu, ihm zu drohen. Das ist dann der Fall, wenn sich der Hund uns überlegen fühlt. Er verteidigt z. B. sein Revier gegen uns, also seinen Schlafplatz, oder seine Jungen oder seine »Beute«, die Futter oder auch Spielzeug sein kann.

Der uns *überlegene* Hund wird versuchen, uns Spielregeln beizubringen und uns dementsprechend behandeln. Fügen wir uns seinen Drohungen nicht, wird er uns »tätlich«, also *beißend* zurechtweisen. Reagieren wir mit *Fluchttendenz* oder *Erstarren der Bewegung,* wird er seine Aggression einstellen.

Eine äußerst gefährliche Situation zwischen Hund und Mensch ist dann gegeben, wenn der Hund uns für gleichrangig hält und die Rangordnung klären möchte. Dies wird er im Kampf regeln wollen. Hat der Hund eine bestimmte Körpergröße, werden wir Schwierigkeiten haben, unsere Überlegenheit im Kampf mit dem Hund zu zeigen.

Wie können wir Menschen, die wir kein Hund sind, so drohen, daß der Hund unsere Drohung richtig versteht? Wir dürfen ihn dabei also auch nicht körperlich berühren. Hier nützen wir unseren großen aufrechten Gang aus. Gehen wir demonstrativ groß auf den Hund zu, wird er uns genauso antworten, wie er es dem drohenden Artgenossen gegenüber tut. Er wird zunächst die Vorstufe der Flucht, das Meideverhalten, zeigen. Erkennen wir diese Reaktion, müssen wir sofort unsere Bedrohung zum »Stillstand« bringen: Wir bleiben also stehen, d. h., wir »erstarren« in unserer Dominanzhaltung!

Der Hund hat uns über seine Körperhaltung, die Flucht ausdrückte, gezeigt, daß er die Drohung begriffen hat. Die Bedrohung wird ganz gelöst, wenn wir die Bewegung, die deutlich auf den Hund gerichtet ist, wieder *rückgängig* machen. Wir gehen ein paar Schritte zurück, und schon ist die Bedrohung für den Hund eingestellt.

Rufen wir uns noch einmal ins Gedächtnis zurück, wie Welpen lernen, den überlegenen Artgenossen zu respektieren, also beispielsweise die Mutter oder andere in der Gemeinschaft lebende erwachsene Artgenossen. Dabei wird uns bewußt, daß bereits der Welpe gelernt hat, Abstand zu halten, wenn der Überlegene dieses wünscht. Das heißt für uns Menschen, daß wir im Umgang mit unseren Hunden ebenfalls im Welpenalter klären müssen, wann er *Abstand* zu halten hat. Lernt er dies zur rechten Zeit, wächst der Hund problemlos in die menschliche Familiengemeinschaft hinein. Es wird nie zu einem Kampf kommen. Lernt er es nicht oder zu spät, wird er aufgrund seines kräftigen Gebisses uns Menschen in den »Griff« bekommen. Die-

»Möchtest Du mit mir spielen?« Deutsche Schäferhündin, acht Jahre, und Deutsch-Langhaarhündin, vier Jahre.

se *Rangordnungskämpfe* zwischen Mensch und Hund sind für beide Beteiligten äußerst unerfreulich. Der Mensch verliert das Vertrauen zu seinem Partner, der Hund fühlt sich psychisch belastet, da zwischen *ranggleichen* Partnern immer ein hohes Spannungsfeld zu spüren ist.

Wenn wir verstanden haben, wie die Hunde sich untereinander verständigen, können wir schlüssig folgern, wie wir Menschen mit unseren Hunden umgehen müssen, damit sie uns verstehen.

Regulieren wir die Spielregeln bei unserem Hund z. B. über den vielgepriesenen heftigen Leinenruck, am besten noch mit dem *Erziehungshalsband*, wird uns klar, daß dies neben den schon besprochenen Mißverständnissen zwangsweise vom Hund falsch verstanden werden muß:

Wir greifen den Hund *hinterrücks* tätlich an und nehmen ihm somit die Möglichkeit, unsere Handlung abzuschätzen. Außerdem fügen wir ihm am Hals unnötige Schmerzen zu. Jeder, der glaubt, der kräftige Ruck am Hals des Hundes wäre nicht schmerzhaft, möge es an seinem eigenen Hals ausprobieren.

Außerdem *will* der Mensch ja den Hund mit dieser Einwirkung schmerzhaft beeindrucken, sonst bräuchte er diese Maßnahme nicht anzuwenden. Wir »überfallen« sozusagen den Hund, da wir mit ihm ohne Drohung plötzlich kämpfen. Auf diese Überfälle reagieren die Hunde wie folgt: Viele der so behandelten Hunde würden, wenn sie die Möglichkeit dazu hätten, sofort fliehen. Ist die Möglichkeit zur Flucht jedoch genommen, werden sie sich verängstigt fügen. Einige Hunde werden sich wehren und kämpfen, manche werden diese Behandlung für einige Zeit ertragen, bis sie sich plötzlich und unvermittelt rächen. Diese Hunde überfallen nun ihrerseits den Menschen.

1. Beispiel:

Auf einem Hundeplatz beobachtete ich eine junge Frau, die ihren fünfzehn Monate alten Schäferhund lehrte, »Bei

Fuß!« zu gehen. Dazu faßte sie die Leine und versuchte über Rucke am Stachelhalsband, sich mit ihrem Hund zu verständigen. Da sie der Hund falsch verstand, denn er zeigte Meideverhalten, nahm sie nun die Leine in beide Hände, um die »Ruckwirkung«, also den Schmerz am Hals, noch zu verstärken.

Der Ausbilder sah dem Treiben zu und übernahm den Hund, da er offensichtlich der Meinung war, die Ruckeinwirkungen, sprich Schmerzeinwirkungen, seien noch zu schwach. Nun wurde der Hund hin- und hergerissen. Der Hund zeigte panische Angst. Die Rute war bis zum Bauch eingezogen und die Hinterläufe eingeknickt. Dazu schrie er und drückte so seine Angst auch noch mit der Stimme aus. Beide, der Ausbilder und die Hundebesitzerin, erkannten die Angst nicht oder wollten sie nicht registrieren.

Bei der Übergabe des Hundes an die Hundeführerin gelang diesem die Flucht. Es begann eine »Jagd«! Die Hundeführerin lief hinter dem Hund rufend her, beschimpfte ihn, redete ihm gut zu und gab ihm verschiedene Hörzeichen. Sie hatte keinen Erfolg. Schließlich nach einer Viertelstunde kroch sie auf allen vieren hinter eine Hecke, die der Hund zu seinem Schutz gefunden hatte, um ihn zu überlisten und die Leine zu erwischen.

Endlich war sie erfolgreich – und die Quälerei begann von vorne. Die Hundeführerin begriff noch immer nicht, in welchen psychischen Zustand sie den Hund versetzt hatte. Der Ausbilder versuchte ihr zu erklären, daß sie lernen müsse, noch viel härter mit diesem Hund umzugehen, da er sie im Rang nicht als überlegen ansehe!

2. Beispiel:

Ein Doggenbesitzer kam zu mir mit dem Problem, daß sein sieben Monate alter Hund ihn auf dem Hundeplatz bei Gehorsamsübungen angegriffen habe. Er wage sich nun nicht mehr, mit dem Hund noch zu arbeiten.

Ich beobachtete den Hund und stellte fest, daß er ein etwas unsicherer, aber durchaus zutraulicher Hund war. Gab ich ihm Hörzeichen wie »Sitz!«, »Platz!«, »Fuß!«, »Bleib!«, führte er sie korrekt und ohne Probleme aus. Er schien dabei auch psychisch nicht sehr belastet.

Nach längerem Gespräch mit dem Hundeführer stellte sich heraus, daß der Hund seit seinem fünften Lebensmonat mit einem Stachelhalsband geführt wurde, dessen Stacheln auch noch angeschliffen waren.

Es nimmt nicht wunder, wenn sich der gequälte Hund gegen den Schmerz mit Beißen wehrte. Was sind das für Ausbilder, die derartige Quälinstrumente auch noch den unwissenden Hundebesitzern in die Hand geben?

3. Beispiel:

Ein Hundeführer übernahm einen einjährigen, sehr großen Mischlingshund, bei dem eine Erziehung bisher versäumt worden war. Er glaubte, er könne ihn über körperliche Schmerzeinwirkungen in kürzester Zeit »gefügig« machen.

Nach einem halben Jahr gab er auf, denn nun griff der Hund Passanten aus heiterem Himmel an und manchmal auch den Hundeführer selbst, sobald er mit ihm spielte.

Auch hier konnte ich feststellen, daß der Hund psychisch unsicher wirkte. Jedesmal wenn der Hundeführer das Hörzeichen »Sitz!« gab, wurde der Hund am Stachelhalsband mit aller Gewalt nach oben gezogen und sein Hinterteil gewaltsam niedergedrückt. Jedesmal fand also ein Kampf statt.

Genau das gleiche geschah bei dem Hörzeichen »Platz!«. Dabei wurde der Hund mit einer Hand am Stachelhalsband schmerzhaft auf den Boden gezogen, während die andere Hand das Hinterteil niederdrückte. Also wiederum ein Kampf! Wenn wir die Zeit betrachten, in der der Hund täglich so traktiert wurde, ist es ein Wunder, daß der Hundeführer unverletzt blieb. Um die Angriffe des Hundes zu überstehen, bekam das Tier auch noch einen Maulkorb angelegt.

Nachdem das Stachelhalsband entfernt und der Hund nicht mehr über den Hals korrigiert wurde, begann er ruhiger zu werden. Allmählich gewann der Hund wieder Vertrauen zum Hundeführer, so daß auch der Maulkorb entfernt werden konnte. Seit dieser Therapie erfolgten keine Angriffe mehr auf Menschen.

Diese Beispiele, denen noch unendlich viele hinzuzufügen wären, machen deutlich, daß jede Ausbildung des Hundes abzulehnen ist, die mit körperlichen Schmerzen verbunden ist, denn der Hund wird nie verstehen, warum ihn der Mensch ohne Drohung einfach überfällt.

Er wird wie im ersten Beispiel jede Möglichkeit wahrnehmen, um zu fliehen, wenn er psychisch dazu noch in der Lage ist. Der Erfolg dieses »Negativtrainings« trügt, denn der Hund führt seine Handlungen nur aus, um den Schmerzeinwirkungen zu entgehen. In welche Konflikte werden die Hunde über das asoziale Verhalten des Menschen getrieben, das er seinem »Freund« Hund zumutet!

Die Tendenz, den Hund immer noch extremer über körperliche Strafmaßnahmen zu Handlungen zu zwingen, wird deutlich, wenn Äußerungen vor großem Publikum gemacht werden mit dem Inhalt, daß *Schmerz und Zwang für den Hund normal seien, denn das mache ihn stark und widerstandsfähig!*

Dagegen steht die Feststellung Schmidt-Duisbergs: »Strafen sind für den Hund unzumutbar«.

Die Anwendung dieser mittelalterlichen Methoden widerspricht dem genetischen Programm eines Hundes, in dem festgelegt ist, daß Probleme, die in sozialen Gemeinschaften vorhanden sind, friedlich gelöst werden. Danach darf keinem Mitglied körperlicher Schaden zugefügt werden. Aggressives Verhalten wird geregelt und maßvoll eingesetzt.

Für uns Menschen ist es überhaupt kein Problem, mit unserem »Freund« Hund so umzugehen, daß er uns vertraut, versteht und die notwendigen Spielregeln mit Hilfe der wohlwollenden Konsequenz erlernt.

Das *einzige Handwerkszeug,* das wir brauchen, ist eine lange Leine, ein breites Lederhalsband ohne Zug oder ein Brustgeschirr (damit wir den Hals des Hundes schonen!). Das Halsband oder das Brustgeschirr mit Leine wird dem jungen Hund von Anfang an angelegt. Es dient ausschließlich dazu, die Entfernung zwischen dem Hund und seinem »Freund« Mensch nicht zu groß werden zu lassen. Wir können uns mit unserem Hund nur verständigen, wenn er sich in unserer Nähe befindet. Nur so können wir seine Aufmerksamkeit auf uns lenken und uns mit ihm beschäftigen.

Als *Hilfsmittel* für die Verständigung haben wir Stimme, Augen und unsere Körperbewegungen.

Für die positive Zuwendung benützen wir wie die Hunde untereinander auch Streicheleinheiten, Spiele, vor allem Beutespiele, kleine Leckerbissen und unsere Stimme. Damit erreichen wir am schnellsten und dauerhaftesten unser Ziel!

Soll der Hund auf uns zukommen, bewegen wir uns vom Hund weg. Soll der Hund in seiner Bewegung verharren, gehen wir etwas auf ihn zu. Hat er begriffen und hält er in seiner Bewegung inne, gehen wir wieder ein kleines Stück zurück. Versteht uns der Hund nicht, sind wir in unserem Körperausdruck nicht eindeutig genug.

Dabei erkennen wir:

Nicht der Hund macht die Fehler, sondern wir Menschen! Der Hund kann gar keine Fehler machen, da nur wir Menschen ihn gelehrt haben, bestimmte Handlungen auszuführen. Der Hund zeigt seine Handlungen immer genau so, wie er sie gelernt hat. Klappt diese Partnerschaft nicht, ist es dem Menschen nicht gelungen, sich dem Hund gegenüber so auszudrücken, daß er von ihm verstanden wird.

Zusammenfassung

Aggression wird sowohl zwischen Hunden als auch zwischen dem Hund und artfremden Tieren gezeigt.

Der Mensch scheint, aufgrund der intensiven Bindung zum Hund, als Artfremder eine Sonderstellung einzunehmen.

Aggression wird zur Herstellung einer bestimmten Distanz, zur Klärung von Rangpositionen und zur Sicherung des eigenen Lebens verwendet.

Wir unterscheiden das Verhalten des psychisch überlegenen von dem eines psychisch unterlegenen Hundes. Die aggressive Handlung des psychisch Überlegenen ist abhängig von der Reaktion des Unterlegenen. Der *Unterlegene* bestimmt über sein Verhalten den weiteren Verlauf der Aggressionshandlung des Überlegenen.

Wir finden beim bedrohten Hund Mechanismen, die Aggression beim Drohenden hemmen oder verhindern. Auch der Drohende selbst ist in der Lage, die eigene Aggression abzubauen.

Die Aggression des psychisch Unterlegenen wird sekundär gezeigt, wenn primär Fluchtverhalten nicht möglich ist.

Bei psychisch sich gleich stark fühlenden Hunden werden Rangordnungsprobleme manchmal in einem Kampf entschieden. Alle anderen Probleme, die in einer sozialen Gemeinschaft entstehen, werden friedlich gelöst. Jede körperliche Beschädigung des anderen wird nach Möglichkeit vermieden.

Es liegt ausschließlich in der Hand des Menschen, die Aggression des Hundes zu steuern.

Über gezielte Zucht ist der Mensch imstande, genetische Defekte zu stabilisieren und aggressives Verhalten über die Selektion zu verstärken.

Die isolierte Aufzucht von Hunden im Stadium der Eroberung der Umwelt, die ohne Artgenossen und menschliche Kontakte abläuft, verhindert die Regulation der Aggression gegenüber dem Artgenossen, dem Artfremden bzw. dem Menschen.

Das Verhalten des Menschen dem Hund gegenüber beeinflußt in höchstem Maße dessen Aggressionsverhalten. Der Hund empfindet den Menschen aufgrund seines aufrechten Ganges als bedrohlich. Daher sind Rangunterschiede bereits von vornherein gegeben. Mit einer Erziehung, die dem Hund körperlichen Schmerz zufügt, verhält sich der Mensch dem Hund gegenüber nach »hundlichen« Verhaltensregeln *asozial.* Der Mensch übergeht mit dieser Art der Erziehung die für den Hund so außerordentlich wichtigen und sein Verhalten bestimmenden Drohgebärden. Statt dessen greift er ohne Warnung tätlich an und nimmt dem Hund als Bedrohtem die Möglichkeit, über sein Verhalten die Aggression des Drohenden, also die des Menschen zu hemmen oder zu verhindern. Hier liegt die Hauptursache für die zahlreichen, mit Aggression verbundenen Mißverständnisse in der Verständigung zwischen dem Menschen und dem Hund.

Für aggressives Fehlverhalten des Hundes ist ausschließlich der Mensch zur Verantwortung zu ziehen. Daher können Aggressionsprobleme der Hunde nicht mit Maulkorb und Leinenzwang gelöst werden. Der Mensch selbst muß sich seinen Mitmenschen und seinem Hund gegenüber verantworten!

KAPITEL 6

Anhang

Adressen

Deutscher Rettungshundeverein (DRV) e. V., Hauptgeschäftsstelle
Lucas-Cranach-Str. 3
89520 Heidenheim

Literaturverzeichnis

Quellennachweis

BLEST, A. D.: in HASSENSTEIN.

FELTMANN-V. SCHROEDER, G.: Die Trinkordnung bei Katzen. Unveröffentlichte Arbeit. 1976.

HART, B. L. und L. A. HART: Verhaltenstherapie bei Hund und Katze. Enke, Stuttgart 1991.

HASSENSTEIN, B.: Instinkt, Lernen, Spielen, Einsicht. Piper, München 1980.

IMMELMANN, K. (Hrsg.): Psychobiologie: Grundlagen des Verhaltens. Gustav Fischer, Stuttgart 1988.

KENDLER, H. H.: in HASSENSTEIN.

RENSCH, B.: Gedächtnis, Begriffsbildung und Planhandlungen bei Tieren. Paul Parey, Hamburg 1973.

SCOTT, J. P. und J. L. FULLER: Dog Behavior. The Genetic Basis. Phoenix Edition, 1974.

SCHMIDT-DUISBERG, K.: Dackel. Franckh-Kosmos, Stuttgart 1991.

VENZL, E.: Verhaltensentwicklung und Wesensmerkmale bei der Hunderasse Beagle. Inaugural-Dissertation, München 1990.

Weiterführende Literatur

FEDDERSEN-PETERSEN, D.: Hunde und ihre Menschen. Franckh-Kosmos, Stuttgart 1992.

FLEISCHER, M.: Hund und Mensch: Eine semiotische Analyse ihrer Kommunikation. Stauffenburg, Tübingen 1987.

GEBHARDT, H. und G. HAUCKE: Die Sache mit dem Hund. Rasch und Röhring, Hamburg 1989.

KRÄMER, E.-M.: Unser Mischlingshund. Franckh-Kosmos, Stuttgart 1988.

KRÄMER, E.-M.: Bearded Collie. Franckh-Kosmos, Stuttgart 1992.

MEISTERFELD, C. W.: Hilf Deinem Hund. Aus der Praxis eines Hundepsychologen. Albert Müller, Rüschlikon-Zürich 1981.

MUGFORD, R.: Hunde auf der Couch. Kynos, Mürlenbach 1992.

SCHNABEL, E.: Unser Hund wird gut erzogen. Franckh-Kosmos, 1992.

SCHUHMACHER, H.: Wettlauf mit dem Tod: Katastrophenhunde im Einsatz. Albert Müller, Rüschlikon-Zürich 1988.

TRUMLER, E.: Mensch und Hund. Kynos, Mürlenbach 1988.

TRUMLER, E.: Hunde ernst genommen. Zum Wesen und Verständnis ihres Verhaltens. Piper, München 1989.

Erklärung wichtiger Fachausdrücke

Aggression: Negative Zuwendung eines Individuums zu einem »Anderen«. Gegensatz: positive Zuwendung.

Außerartliche Aggression: Aggressionsverhalten, das Individuen gezeigt wird, die artfremd sind.

Begrüßung: Der Welpe leckt den Fang des zu Begrüßenden. Dabei wird kräftig mit dem Schwanz gewedelt.

Beschwichtigung: Verhalten, das Unterlegenheit zeigt und somit die Aggression des anderen hemmt.

Demutsgeste: Verhalten, das Unterlegenheit zeigt und zugleich die Aggression des anderen verhindert oder in freundliche Zuwendung verwandelt.

Disposition: Veranlagung.

Dominanz: Überlegenheit.

Drohgebärden: Gesten, die dazu dienen, den »Anderen« aufzufordern, Respekt zu zeigen bzw. Abstand zu halten.

Erziehungshalsband: Ein Metallhalsband, dessen Glieder zu scharfen Haken gebogen sind, damit dem Hund am Hals Schmerzen zugefügt werden können.

Exkrement: Ausscheidung, das vom Organismus nach außen abgegebene, nicht mehr verwertbare Stoffwechselprodukt.

Futterbetteln: Der Welpe stupst, im allgemeinen die Mutterhündin, mit dem Fang an den Mundwinkeln.

Genetische Informationen: Angeborene Reaktionen auf bestimmte Reize.

Genetisches Gerüst: Über Erbanlagen festgelegte Zeiträume, in denen bestimmte soziale und umweltbedingte Erfahrungen gemacht werden müssen. Damit ist die Möglichkeit für die schnelle, individuelle Anpassung

eines Lebewesens an seine Umwelt gegeben.
Großhirnrinde: Eine dünne graue Schicht aus Nervengewebe, die das Großhirn bedeckt. Sie ist verantwortlich für bewußte Erfahrungen und höhere geistige Prozesse.

Imitation: Nachahmung.
Innerartliche Aggression: Aggressionsverhalten, das innerhalb einer Tierart verwendet wird.

Koralle: siehe Erziehungshalsband.

Lernfähigkeit: Die Möglichkeit eines Individuums, Informationen aufzunehmen, diese zu speichern und bei Reaktionen zu einem späteren Zeitpunkt wieder zu verwenden.

Meideverhalten: Verhalten, das Unterwerfung signalisiert und die Bereitschaft zur Flucht andeutet.
Motivation: Psychische Bereitschaft, etwas zu tun, z. B. etwas zu lernen.
Motorik: Die von der Hirnrinde gesteuerten, aktiven Bewegungsvorgänge des willkürlichen Systems.
Myelinschicht: Ummantelung der Nervenleitungen. Sie ermöglicht rasche Weiterleitungen von Reizen und isoliert zugleich.

Physisch: Chemische und physikalische Funktionen und Leistungen, die im Organismus eines Lebewesens stattfinden.
Prägung: In bestimmten Stadien der Entwicklung eines Lebewesens werden bestimmte Erfahrungen dauerhafter gespeichert als in anderen Entwicklungsabschnitten. Die Lerninhalte hinterlassen einen nachhaltigeren Eindruck als gleiche Erfahrungen zu einem anderen Zeitpunkt.
Primaten: Ordnung der Säugetiere, zu der Halbaffen, Affen, Menschenaffen und der Mensch gehören.
Psychische Bewertung: Informationen, die an die Großhirnrinde geleitet und dort beurteilt werden.
Psychische Entwicklung: Die Entwicklung vor allem sozialer Verhaltensweisen, die darauf ausgerichtet sind, das Zusammenleben und damit das Überleben einer Tierart sicherzustellen.

Reizsituation: Informationen, die entweder im Organismus eines Lebewesens selbst entstehen (z. B. Durst, Hunger) und an die Großhirnrinde weitergegeben werden, oder aus der Umwelt stammen.

Sensible Phasen: Zeiträume, in denen ein Lebewesen Erfahrungen dauerhafter speichert und tiefer beeindruckt wird als bei gleichen Erfahrungen zu einem anderen Zeitpunkt.
Soziale Entwicklung: Entwicklung von Verhaltensweisen, die der Verständigung innerhalb einer Tierart dienen.
Stadium der Eroberung der Umwelt: 4. bis 20. Lebenswoche. In dieser Zeit werden die motorischen Fähigkeiten trainiert, die Umwelt erobert und die psychischen Reaktionen darauf gelernt. Das Sozialverhalten dem Artgenossen gegenüber entwickelt sich. Es wird geübt, differenziert und auf den Artgenossen fein abgestimmt. Das Sozialverhalten dem Menschen gegenüber entwickelt sich als eigenes System. Auch hier wird gelernt, das Verhalten auf den Menschen fein abzustimmen.
Stadium des Erwachens: 3. Lebenswoche. Alle Sinnesorgane werden

funktionstüchtig. Die Umwelteindrücke können differenzierter wahrgenommen werden. Die Betreuung durch die Mutterhündin wird sorgfältig ausgeführt, wobei sie sich nicht mehr ausschließlich bei den Welpen aufhält.

Stadium des Umgangs mit der Umwelt: Etwa 21. Lebenswoche bis zur Geschlechtsreife. Dieses Stadium zeigt deutlich, wie die jungen Hunde, nachdem sie ihre Umwelt erobert haben, sie nunmehr »handhaben«. Das Beute- und Jagdverhalten bestimmen jetzt die Handlungen des Hundes.

Tragestarre: Beim Tragen im Fang (im allgemeinen der Mutterhündin) entspannt der Welpe seine Muskeln so, daß er wie leblos wirkt. Jegliche Lautäußerungen fallen dabei weg.

Vegetatives Stadium: 1. und 2. Lebenswoche. Die Welpen sind hilflos. Die Aktivitäten der Mutter dienen ausschließlich der Betreuung der Welpen.

Register

T

U

V

W

Z

Die bekannte Ethologin Dr. Dorit Feddersen-Petersen hat hier zwei Bücher zum Hundeverhalten veröffentlicht, die jeder Hundefreund gelesen haben sollte. Für ihr Buch „Hunde und ihre Menschen" und die zugrunde liegenden Forschungen wurde Dr. Dorit Feddersen-Petersen 1992 der „Felix-Wankel-Tierschutz-Forschungspreis" verliehen.

Dr. Dorit Feddersen-Petersen stellt in diesem Buch ihre neuesten Untersuchungen zum Hundeverhalten vor. In einer Fallstudie begleitet sie Welpen bis zum Alter von neun Monaten. Die Einflußnahme der Züchter und Halter auf die Entwicklung jedes Hundes wird ausführlich beschrieben und interpretiert.

207 Seiten, 97 Abbildungen, ISBN 3-440-05855-7

104 Seiten, 41 Abbildungen, ISBN 3-440-05589-2

Die Autorin setzt sich hier kritisch und kundig mit der Beziehung Mensch – Hund auseinander. Diese Beziehung ist nicht immer unproblematisch und häufig vielfältigen Belastungen ausgesetzt. Dieses Buch vermittelt biologische Grundlagen des Hundeverhaltens und trägt dazu bei, „hundekundiger" zu machen.

Franckh-Kosmos · Stuttgart

Maika